「大学生」になるための日本語

①

堤 良一・長谷川哲子 著

ひつじ書房

はじめに

学習者の皆さんへ

　こんにちは。『「大学生」になるための日本語1』は、初級の勉強が終わって、「もっと日本語がうまくなりたい！」と思っている皆さんのためのテキストです。そして、「日本の大学に入学したい！　でも、大学ってどんなことを勉強するの？」という皆さんのために、大学で勉強することを知ってもらうためのテキストでもあります。

　皆さんは、日本語を使って、もっと日本の人や、他の国の人たちとコミュニケーションをしたいと思っているでしょう？　でも、文法を勉強しただけでは、なかなかコミュニケーションができるようにはなりません。その表現を、どんな時に使えばいいか、そして、その表現がどんな意味やニュアンスを持っているのかを知っている必要がありますね。このテキストは、その表現が、どんな場面で使われるのかが分かるようになっています。

　皆さんの留学の目的は何ですか？　日本に来て、もっと成長したい、もっと知識や技術を身につけたい、そのために日本の大学に入学したい！のだと思います。このテキストは、そんな皆さんのために、大学で勉強する「学問」に触れながら日本語を勉強していきます。そうすれば、大学に入学してから、「これは私が勉強したいことじゃなかった」と、後悔しなくてもすみます。

　このテキストは、皆さんと、皆さんの日本語の先生とで一緒に勉強していくように作られています。このテキストが、どんな目的で書かれているかは、下に書いてあります。少し長いですが、先生に説明してもらいながら、読んでみてください。皆さんと先生が、どんな目的でどんなスタイルで日本語を勉強するのかを知っておくことで、皆さんの勉強がもっと進むと思いますよ。

本書の目的と対象とする学習者

　本書は、初級の学習を終えた学習者、あるいは中級の前半程度の学習を終えた学習者向けに、読む、聞く、話す、書く、の4技能を総合的に養い、上級の前半程度のレベルに到達することを目的としたテキストです。主に、大学進学を希望して日本語学校で学んでいる学習者を対象としています。大学にはどのような分野の学問があるのか、イメージできないまま

とりあえず受験してしまい、そして入学後に「これは自分が勉強したい学問ではなかった」と後悔してしまうということがないように、各学問、各分野のイメージができるような話題を選びました。話題、場面の多様性、扱う項目の豊富さから見て、日常会話を身につけたい方や、その他様々なニーズを持った方々に使っていただけるテキストであると確信しています。ただ、学習者の対象について「(自分の母語で)高等学校程度の知的な教育」を受けていることを前提として話題を選んでいますから、小学生や中学生の皆さんには少し難しいかもしれません。

本書の構成と活動内容

　本書は9課で構成されています。第2巻も9課で構成され、2冊で中級から上級へとステップアップするようになっています。少し簡単な、初級が終わった段階の学習者でも扱えるようなレベルから始めて、徐々に難しくなっていくように配列されています。しかし、扱うテキストが実際の書物からの引用ですから、例えば8課で扱う内容が、7課で扱った内容よりも難しいと、客観的には必ずしも言えないと思います。逆に言えば、このテキストは、どの課から勉強することも可能ですし、ある課を後回しにして学習したからといって、その課以降の学習に支障を来すというようなことはありません。教師と学習者が相談して、興味のある課から学習していくという方法で使用することも可能です。

　1つの課は7つのセクションで構成されていて、「読む、聞く、話す、書く」の4技能に加え、語彙、文法、タスクをそれぞれ独立させて扱っています。そうすることで、1つの課で文法の力だけでなく、タスクを遂行する力も養え、総合的な能力が身につくようになっています。

1．「ここでの主な言葉」

　😀：必ず知っておくべき語彙のリストです。　📖：その課を読むのに必要な語彙のリストです。少し専門的なものも入っています。その学問を専門に勉強したい学習者は知っておくべきでしょう。　💡：その他の、解説が必要な重要語彙や、それに準ずる表現のリストです。

2．「読む」

　様々な書物からの抜粋を読みます。全てその分野の一流の著者による文章ですから、上質の文章に触れることができ、同時にその学問分野の一端を見ることができます。なお、いくつかの課の読解文章末に、大学の入試問題に出題されそうな問題を付けました。入学試験を受けているつもりで、チャレンジしてみましょう。

3．「文法」

　その課で学習するべき文法項目を練習します。文法項目は、日本語能力試験2級程度のものを中心に、重要であるものをピックアップしています。

4．「聞く」

　3.で学習した文法項目を使ったリスニング練習です。様々な場面の様々な人の発話が付録のCDに収録されていますから、リアルな場面での日本語に触れることができるでしょう。また、CDの中の会話はできるだけ実際の会話に近いように配慮しました。そのため、不自然な間や棒読みしたような感じはありません。その代わり、言い直しや相づちがあったりして、中級の段階からリアルな場面での聞き取りに対応できるようになります。また、リスニングを聞いた後で出題される問題は、その会話が日本語文化の中でどのような意味やニュアンスを伝えやすいか、ということも知ることができるように工夫されています。

5．「話す」

　3.で学習した文法項目を使ったミニ会話練習です。どのような場面でその表現を、どのような機能をもたせて使うのか（つまり、どのようなタスクを遂行するためにその表現が使用されるのか）が、理解できるように提示されています。

6．「タスク」

　総合的な練習を扱っています。まとまった発話を聞いて答える問題、ディスカッションやロールプレイングなどの会話練習などがあります。ここではその課で扱う文法項目を練習するというよりも、その課の内容に関連する話題を扱い、皆さんが日本語で活動できる場を増やしていくのが目的です。

7．「書く」

　その課で扱った学問分野やテーマに関して、自分の考えたことをまとめて書く練習をします。言葉の能力というのは、最終的には自分の考え・意見を的確に表出することができることであると考えます。どのような順序で、どのような表現を用いながら、どのような内容を書いていけばよいのか、たくさん書き、教師からのフィードバックを受けることによって、よい文章を書く練習をしてください。なお、このセクションは、日本留学試験の作文試験対策としても利用できます。

「大人」としての学習者へ贈るテキスト

　筆者らの私見では、これまでの中級のテキストには次のような性格があります。それは、「文法表現が簡単になれば、扱う話題も簡単になる」というものです。これは、初級の最初の段階では致し方のないことですが、果たして中級以上の日本語学習においても同じでなければならないのでしょうか。我々はそうは考えていません。実際、本書で扱ったテキストに出てくる文章は、そのほとんどが日本語能力試験2級相当の表現で書かれています。つまり、かなりレベルの高い内容でも、中級程度の文法能力があれば表出することができる、ということです。

　また、日本国内に限って考えれば（そして恐らく国外においても）、日本で大学進学を希望する学習者のほとんどが、高校を卒業してすぐ来日し、日本語学習を始めます。つまり学習者は高卒程度の学力を身につけて日本語学習を始めるわけです。このような学習者に、唐突に子供に与えるような話題を提供することは、学習者を子供扱いするようなことにもなりかねず、またそのことによって学習者の学習動機を低めてしまう結果にもつながりかねません。

　さらに、もし我々が学習者に簡単な話題しか与えなかったとすれば、学習者は高校を卒業した程度の学力のまま、年を重ねていくということになります。留学が、知的レベルを向上させ物事を見る視野を得るためのものであるとするならば、簡単なレベルの話題を提供し続けることは、学習者の留学目的から考えても本末転倒であると言えます。むしろ我々は、学習者の知的好奇心を刺激し続け、大学進学への橋渡しをするような教育を行う必要があります。つまり、これからの日本語教育は、言葉の教育を超えて、人間教育の一翼を担うような方向を模索していくべきなのです。本書はそのような考えから、「文法表現を簡単にしても、扱う話題のレベルは決して下げない」という方針を採用しました。

　その結果、語彙のレベルがかなり難しいものになっています。しかしながら、語彙は最終的には暗記する類のものであり、若い学習者の方々にはそれほど大変な作業ではないと思います。むしろ、語彙を豊富にした結果、話すことのできる話題が増え、自分の意見を表出できる喜びを生み、さらなる学習動機へとつながっていくと考えます。

書き下ろさないテキスト

　今回、本書の執筆にあたって、「書き下ろし」は一切行いませんでした。また、文法項目を抽出し、その表現が使用されている文章を探したり、課を構成していく上で、既習の項目ばかりの文章を排除をするという作業も

行いませんでした。「テキストで使用される」ということを前提としていない文章に頻出する項目は、それだけ重要な項目であり、学習価値も高いはずです。逆に、ある程度文章を蓄積していって、それでも出てこない表現というのは、必ずしも（中級の段階では）知っておかなくてもよい表現なのではないでしょうか。そのように考えて、我々は文章を、とにかく内容重視で選出しました。しかし、それぞれの文章で、文法項目は不思議なほどバランスよく現れ、結果として9課分（2巻と合わせれば18課分）で、日本語能力試験2級程度の表現をほぼ網羅することに成功しています。したがって本書は、中級の文法項目をもおさえたテキストなのです。

タスクと文法の融合

　本書の執筆にあたって、ひつじ書房の松本功社長から出された課題は、「タスクと文法の融合」でした。この課題は非常な難問であり、我々は未だにその課題に対する答えを見つけられずにいます。しかし、現段階での最善の解答を、このテキストを通じて提示することはできたのではないかと考えています。

　「タスク」とは、ある場面において遂行されるべき課題を指します。例えば「郵便局で切手を100枚買う」「デートの途中でばったり会った昔の恋人と軽い話をして、うまく切り上げる」など、日常生活で話をするということは、タスクを遂行するということと切っても切り離せない関係にあります。ここに「文法」を融合させるわけですが、難しいのは、両者の関係が1対1対応ではないことです。ある表現が使われやすいであろうタスクというものはあっても、その表現を用いなければ遂行され得ないタスクというものはないのです。つまり、その文法項目が使用されなくても、タスクは遂行され得るわけです。

　そこで、本書では前半の文法項目の練習では、ある場面を提示して、そのタスクの中でその項目がどのように使用され得るかを提示しました。主に、実際に使用された文脈を改変して問題を作成していますから、実際に近い場面を提示していると思います。ただ、ここでも、その項目を使わなければそのタスクが遂行できない、ということを言っているのではありませんから、学習者がその項目を使わなかったとしても、タスクが遂行されているのであれば、それは1つの正解であると見なすべきです。

　さらに、課の後半にある会話練習などでは、文法項目を使わなければならないということは全くありません。教師が行うフィードバックの中で、「こんな表現も使えます」ということを提示してあげれば十分だと考えます。

　我々は、問題を作成する中で、その文法項目を無理に入れていく、ということを極力避けました。その結果として、文法項目の学習がおろそかに

なるかというと、決してそんなことはありません。学習者にとって必要な項目は、このテキストの中で繰り返し使われていきますし、繰り返される項目は、意識的に、または無意識的に学習されていくように構成されています。

言葉のスタイルについて

　本書では、言葉のスタイルも場面に応じて変えています。友達同士の会話ならそれに合わせたスタイルに、先生との会話であればより丁寧なスタイルに、というように、例文を提示しています。場面や相手によって言葉のスタイルが豊富に変化する日本語にあっては、言葉のスタイルを変える能力（社会言語学的能力）は、早い段階から必要だと考えます。できるだけ自然なスタイルを早い段階で身につけるということは、たとえそれが多少の負担を強いるとしても、あとで付け加えていくよりは効果が高いと考えています。なお、学習者の年齢層を考えて、主に日本の大学生が使うような話し言葉を中心に扱っています。

多様な日本語に触れる

　本書では、実に多様な日本語に触れます。特にリスニングでは、いわゆる「教科書的な美しい理想的な日本語」で聞いてもらうことをしません。様々な日本語を聞くことによって、より実践的な能力を高めてほしいと考えています。

　筆者の受け持つクラスで、日本語能力試験1級合格者を対象にあるテレビ番組を聞かせたことがありますが、ほとんどの学習者の理解は30％〜60％程度にとどまりました。主な理由は、「習った発音との乖離が大きすぎて、うまく聞き取れない」というものでした。「標準的理想的な日本語」は、ある程度必要でしょう。本書が独習用には作られていないことを考えると、そのような日本語は多くの場合、教師によって提供されると思います。テキストの役目はむしろ、学習者の皆さんが教室を出たときに触れるであろう、ある意味で雑多な日本語を提示することなのではないかと考えています。

教師とテキストの融合

　テキストを執筆する者は、恐らく「このテキストで、他のどのテキストよりも日本語をうまくしてあげたい」と意気込んで仕事します。我々もそのような野望？　を持って、努力を続けました。そして気がつくのです。

このテキストを使用して授業を行ってくださる教師の方々の存在を半ば無視していることに…。

　本書での練習問題のほとんど全ては、その答えが1つに決まることはないでしょう（リスニングの問題は除きます）。授業での展開の仕方も、細かく指定しているわけではありません。このようなテキストは、考え方によっては「使いにくい」「教師に不親切な」テキストなのかもしれません。

　しかし、逆に考えるのであれば、教師の皆さんのアイデアやスタイルを自由に発揮できる「あそび」が、本書にはふんだんに与えられているということもできます。本書を作る時に、我々は「教師の方々がやるべき仕事を取り上げない」努力をしました。このテキストを用いて、いかに魅力的な授業をするかは、先生方にかかっている、そのお手伝いをするのが本書であると信じています。ここには、教師とテキストの融合を目指したいという、我々の思いがあります。

　また、本書は、教師の方に対してもそれ相応の努力を求めています。すでに書いたように、どのようにこのテキストを使用していただくか、かなり格闘していただく必要があると思います。それと同時に、扱う話題がかなりレベルの高いものになりますから、普段から色々なトピックに興味を持ち、時事問題に関する知識を蓄積しながら、それについての意見を持つようにしていかないと、学習者に追い抜かれてしまいます。そういう意味では、本書は学習者のみならず、日本語教師の方々への総合的なテキストであるということもできるのではないかと思います。

●付属 CD の音声データについて
　CD に収録されている音声データは以下の URL、QR コードからダウンロードすることができます。

https://www.hituzi.co.jp/books/435.html
パスワード：4354

目次

テーマ	トピック	関連分野	読む
第1課 「科学」の定義 ▶p.15	科学全般	すべての学問	科学とは何でしょう？ また、科学ではないのはどんなことですか？ 「反証可能性」とはどのようなことでしょう？
第2課 現代の若者のマナー ▶p.43	現代の若者について	社会学 心理学	若者のマナーと大人のマナーを比較しましょう。 あなたは、電車など、公共の場でどのようにふるまうべきだと思いますか？
第3課 親孝行な男の子 ▶p.59	むかしばなし	文学	このむかしばなしはどのようなストーリーか、またどのような教訓が学べますか？ むかしばなしにはどのような特徴がありますか？
第4課 ゲーム依存症（上） ▶p.73	ゲーム 依存症 子ども	社会学 心理学 教育学	なぜ「ゲーム」のやりすぎが社会問題になっているのでしょう？ 社会問題について考えましょう。ゲームの良いところ、悪いところはそれぞれどんなところですか？
第5課 ゲーム依存症（下） ▶p.85	ゲーム 依存症 子ども	社会学 心理学 教育学	日本の新聞を読んでみましょう。 新聞中の、警察庁の調査の結果をまとめましょう。

聞く	話す	書く	タスク
お店での会話、説明、独り言、友達の会話、恋人の会話、先生と学生の会話、店長と店員の会話、文句、回想、講義・解説	文句を言う、電話する、定義する、話し合う、説明する、アドバイスする、エピソードを話す、仮定する、発表する、言い訳する、お願いする、計画する、違いを比べる、理解したことを説明する、事情を話す、提案する	学問の違いを調べて報告する、大学のイメージについて書く	留学について、大学について、大学の授業について話し合う 大学生活の中で起きた、困ったことを解決する
言いわけ、事情、条件、友人同士のインフォーマルな会話	言いわけ、説明、出来事を説明して苦情を言う、苦情に対して謝罪する	若者のマナーについて比較して意見を述べる	電車の中での若者のマナーについて、それぞれの意見を聞く クレームを言う
依頼、授業、客と従業員との会話、電話	プレゼントする、連絡する、エピソードを話す、うわさする、説得する、意見を言う	「むかしばなしは必要か?」、「文学と人生」について書く	自分の国のおとぎばなしを紹介する エピソードを交えて話す
学生と先生の会話、親子の会話、友達同士の会話	伝言する、部屋を探す、面接を受ける	新聞記事を読んでブログを書く	部屋を探す
学生と先生の会話、電車の車内放送、親子の会話、ショップで、友達同士の会話、ニュース	アドバイスする、主張する、抱負(ほう)を言う、報告する、確かめる、反論する	記事を読んで、感想をブログに書く	ニュースを聞く 面接で話す

テーマ	トピック	関連分野	読む
第6課 金融教育 ▶p.97	お金と子ども	金融教育(きんゆう) 経営学 経済学	お金の流通のしくみを知りましょう。 経済に関心がありますか? 金融教育は大切だと思いますか?
第7課 言語と文化 ▶p.113	言語と文化	言語学 文化人類学 異文化間コミュニケーション	あなたの言語と日本語の違いは何でしょう? また、食事のときなど、文化の違いを感じることはありますか?
第8課 ローソクの進化 ▶p.131	商品開発	工学 ものづくり	ローソクという製品はどのように変化してきましたか? 何のために新商品を開発するのでしょう?
第9課 「割り勘」は当然? ▶p.151	割り勘 ジェンダー	社会学 心理学	割り勘とジェンダーはどのような関係がありますか? 割り勘で支払いたいときはどんなときですか? また、割り勘で支払いたくないときはありますか?

聞く	話す	書く	タスク
先生と生徒の会話、恋人同士の会話	エピソードを話す、コメントする	お金にまつわるトラブルについて、子どもへの金融教育に賛成？反対？	不審な電話がかかってきたことを友達に説明する
先生と学生の会話、友人との会話、ニュース、授業、説明、講義	反論する、交渉する、アドバイスする、具体的な事物を描写する	2つの言語を比較して書く	授業を聞く
先生と学生の会話、仕事の話、学生と事務員の会話、友人との会話、インタビュー	断る、依頼する、紹介する、アドバイスする	国の発展について意見を書く	インタビューを聞く 得意料理の作り方を説明する ピザのとり方を説明する
留守番電話、説明、注意、学生と先生の会話、支払いの場面	意見を言う、アドバイスする、発表する	割り勘と男女平等の関係について意見を述べる	お会計をする際の会話を聞く 自分の国での支払いの慣例について話す

●テーマ

「科学」の定義

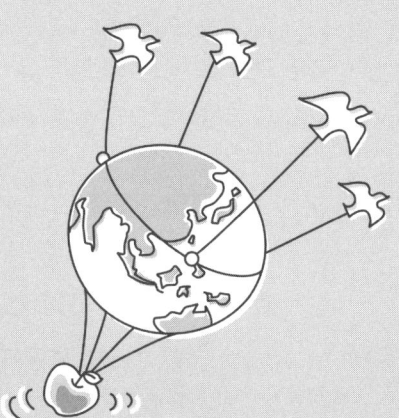

この課の内容

トピック：科学全般
関連分野：すべての学問
文法項目：〜のは〜（という）ことだ、〜とは〜ことだ、〜だす、ところが
　　　　　つまり〜ということだ、〜たとしても、たとえば、それに対して、実は〜んだ、さえ・すら
　　聞く：お店での会話、説明、独り言、友達の会話、恋人の会話、先生と学生の会話、店長と店員の会話、
　　　　　文句、回想、講義・解説
　　話す：文句を言う、電話する、定義する、話し合う、説明する、アドバイスする、エピソードを話す、
　　　　　仮定する、発表する、言い訳する、お願いする、計画する、違いを比べる、理解したことを説明
　　　　　する、事情を話す、提案する
　　書く：学問の違いを調べて報告する、大学のイメージについて書く

ウォームアップ

1. あなたは「科学」にどんなイメージを持っていますか？
2. 「科学」とは何ですか？
3. 「理論」とは何ですか？
4. 「恋」と「愛」とはどのように違いますか？

ここでの主な言葉

 **これだけは覚えよう**

語彙

- 定義する
- 一般の／一般的な
- イメージ（を抱く／を持つ／がある）
- 実験する
- 証明する
- 行う
- ～を支持する
  （支持しない／×不支持する／○不支持だ）
- ～を否定する
  （肯定する／否定的な／肯定的な）
- 示す
- ようするに
- 永遠に
- 知的な
- あるいは
- 宗教
- ～をつきつめる
- ～を区別する
- ひらたくいえば＝（　　）にいえば
- 観察する
- 認める
- ～に／と一致する
  （一致しない／～に反する）
- かまわない
- 常に
- 言い訳する

文法

- V1 のは～
  V2（という）ことだ／からだ
  N1／Na なのは ｝N2 だ
  A のは
- N（と）は、
  ～もの／ところ／ことだ（定義）
- V だす
  （V はじめる／V おえる／V やむ）
- ところが（しかし／でも）
- つまり～ということだ
- V た
  N／Na だった ｝としても
  A かった
- たとえば
- それに対して
- 実は
- V こと ｝さえ／すら
  N（で）

便利な表現

語彙

- たった（の）N
- V
  N ｝なわけだ
  A／Na
- V る／た
  N・Na だ／だった ｝とする
  A い／かった

▶読む

出典：竹内 薫◉『99.9％は仮説』（2002）光文社新書（p.132–135）

科学の定義はたったこれだけ

反証可能性——つまり、反証ができるかどうかということです。

これをいいだしたのは、カール・ポパー（1902–94年）という人です。20世紀の科学哲学者の代表みたいな人ですね。有名な『科学的発見の論理』という本のなかで、ポパーは「科学」を定義しました。

それは、「科学は、常に反証できるものである」というものです。

では、「反証」とはいったいなんなのでしょうか？

一般の人が考えている科学のイメージというと、実験によって理論が「検証」されるといったイメージがありますよね。ある種の実験をすると、ある理論が正しいということが決定的に決まる、証明される、というようなイメージがあるわけです。

ところが、どうもそうではないとポパーは考えたのです。

どういうことかというと、もしその理論がうまくいかないというような事例が1回でもでてしまえば、つまり反証されれば、その理論はダメになってしまうということです。

つまり、100万回実験を行なって100万回理論を支持するような実験結果がでてきたとしても、そのつぎの100万1回目に否定的な結果、理論がうまくいかないことを示すような精密実験データがでてきたら、もうその時点でその理論は通用しなくなる——。

ようするに、決定的な証明などということは永遠にできない、というのです。

何億回実験を行なって理論に合うデータがでてきたとしても、そのつぎの1回目で理論に合わないものがでてくる可能性は捨てきれないわけですから。

現実問題として、永遠に実験を続けることはできないわけですし……。

そこが、数学と科学との決定的なちがいでもあります。

数学は証明することができるんです。数学は概念ですからね。すべてが頭のなかのできごとです。ですから、一度証明してしまえば、それで決着です。

でも、科学はそうではありません。科学は、頭のなかにある仮説がどれくらい頭の外、つまり物理世界と一致するかを問題にします。

ですから、常に、より精密な実験によって反証される可能性が残っているんです。

科学は言い訳をしない……はず

　ということで、科学においては、完全な証明というものは永遠にできない。そして、ポパーが主張したのは、証明はできなくても反証はできるということなんですよ。
　つまり、こういうことです。
　科学というものが、ほかの知的な、あるいは知的ではない営みとちがうところはどこなのか？　どこに境目があるのか？　たとえば、疑似科学や宗教といわれるものと科学はなにがちがうのか？
　そういうことをつきつめていった結果、ポパーはそれらを区別する方法として、「反証可能性」をあげたわけなんです。「科学は、常に反証できるものである」とはっきり定義したのです。
　ひらたくいえば、理論に反する実験や観察がでてきたらその理論はダメだということを潔く認める、それが科学だっていうんです。
　それに対して、たとえば疑似科学や宗教とかいわれるものは反証可能ではない。ポパーはそう考えました。
　たとえば、ある現象が起きたとしましょう。そして、「これは理論に一致しないじゃありませんか」といっても、「いやいや、実はそれでもかまわないんですよ」というように、常に言い訳をしちゃうんですね。
　疑似科学の場合、ひどいときは理論も実験もまったく無視することさえありますから。
　宗教の場合でも、自分たちの神様がまちがっているなどといったことはけっして認めないわけです。

語注:
- 営み
- 境目
- 疑似
- 潔い
- ☞p.20

入試問題対策

① 29行目「頭のなかのできごと」とはどういう意味か、32行目「頭の外」と比較しながら説明しなさい。

② 36行目「科学は言い訳をしない……はず」とあるが、なぜ「はず」とされているのか、本文の例を挙げながら説明しなさい。

便利な表現

第1課

1

●「たったのN」は、Nが時間的に短い、量が少ないことを表します。

⊙「早い」などの形容詞から「い」をとって、「はや！」や「みじか！」などは、そのことについて驚いたということを表す若者の言い方です。

たった（の）N

本文▶1行目

科学の定義はたったこれだけ

1．（描写する・うわさする）
周：三原さんは、たった（　　　　　　　　）。
田久保：それで、いつも先生に褒められるからすごいね。

2．（描写する）
川内：馬さんと李さん、（　　　　　　　　　　）だって。
王：はや！

2

「わけだ」
☞第2課（p.52）も参照

●「文1。文2わけです」で、「文1」で言ったことを、もっと詳しく分かりやすく説明することができます。

●対話で使った場合には、相手が言ったことによって、ある疑問の理由が分かったというときに使います。

$$\left.\begin{array}{l}\text{V}\\\text{N}\\\text{A／Na}\end{array}\right\}\text{なわけだ}$$

本文▶9行目

一般の人が考えている科学のイメージというと、実験によって理論が「検証」されるといったイメージがありますよね。ある種の実験をすると、ある理論が正しいということが決定的に決まる、証明される、というようなイメージがあるわけです。

1．（説明する）
日本人と言えば、曖昧なイメージがあります。だから「また今度ね」というと、（　　　　　　　　　　）というようなイメージなわけです。

2．（説明する［状況］）
また消費税が上がって、生活保護費が下がるらしい。今までよりも（　　　　　　　　）というわけだ。

3．（言い訳する）
木村：どうして嘘ばかりつくの？

松本：本当のことを言うと、また疑われるんじゃないかと思って。それで（　　　　　　　　）というわけなんだ。

４．（納得する）
宋：三枝さんは、３年間も北京にいたそうですよ。
岡田：それで（　　　　　　　　　）わけだ。

５．（納得する）
頼中：瞳さんのお父さんは、昔水泳の日本代表選手だったそうです。
藤井：それで瞳さんも（　　　　　　　　）わけですね。

3

Vる／た
N・Naだ／だった　｝とする
Aい／かった

●「もし、〜だったら」と「〜」を仮定してそうなったときのことを想像して言います。

本文▶52行目

たとえば、ある現象が起きたとしましょう。

１．（仮定する）
井上：明日、地球がなくなるとしたら、サーニャさんは最後に何を食べたいですか？
サーニャ：（　　　　　　　　　　　　　　　　　　　　　）。

２．（仮定する）
北村：もし、今携帯電話を使ってはいけないとしたら、どうやって生活すればいいだろう。
エズギ：大丈夫ですよ。だって（　　　　　　　　　　　　　　　）。

内容理解

1. 科学における「反証」とはどんなことですか。
2. 13行目「どうもそうではない」：「そう」が指す内容は何ですか。
3. 21行目「決定的な証明などということは永遠にできない」のは、なぜですか。
4. 数学と科学の違いは、何ですか。
5. 41行目「つまり、こういうことです」：「こういうこと」が指す内容は、何ですか。
6. 45行目「それらを区別する方法」：「それら」が指す内容は、何ですか。
7. 53行目「実はそれでもかまわないんですよ」：「それ」が指す内容は、何ですか。

▶文法

第1課

1

V1のはV2（という）ことだ／からだ
N1／Naなのは ⎫
Aのは ⎬ **N2だ**

📎
●「…のは〜だ」で、「〜」の部分を強調します。「カール・ポパーという人がこれをいいだしました。」と比べると本文では「カール・ポパーという人」を強調しています。

本文▶4行目

これをいいだしたのは、カール・ポパー（1902-94年）という人です。

1．（説明する［歴史的事実］）
（　　　　　　　　　　　）のは、
ニュートンでした。

2．（主張する）
私が主張したいのは、少子化問題の解決のためには、（　　　　　　　）
ということです。

3．（主張する）
重要なのは、結果ではなくて（　　　　　　）。

4．（うわさする・心配する）
三田村：李さんは、アルバイトばかりして学校に来ませんね…。
近藤：そうですね。心配なのは、（　　　　　　）です。

5．（喧嘩（けんか）する・責める）
谷川：最初に（　　　　　　　　　）のは、山岡さんの方です。
私は悪くないです。
山岡：たしかに私は谷川さんを殴りましたよ。でも、その前に（　　　　　　　　　）のは、谷川さんでした。

21

6．(描写する)
苦しいときやつらいとき、いつも心に浮かぶのは（　　　　　　）だ。

7．(言う［意見］)
日本人の寿命が長いのは、（　　　　　　）からだろう。

8．(言う［意見］)
確かに携帯電話は便利だが、1つだけ不便なのは（　　　　　　）ことだ。

■次のことばを使って、文を作ってください。
① (描写する)
【日本語／上達／この本／おかげ】
② (描写する・うわさする)
三島：最近張さん、きれいになったね。
金：【張さん／きれいになる／新しい恋人】

2

N（と）は、〜もの／ところ／ことだ（定義）

●「…（と）は〜だ」で、「…」を定義します。

本文▶7行目

「科学は、常に反証できるものである」

1．(説明する［ことばの意味］)
「ハンガー」とは、
（　　　　　　　　）ものです。

2．(説明する・定義する)
「ダイエット」とは、（　　　　　　　　）ことです。

3．(説明する・定義する) ▷正しいものを選びましょう。
「性転換手術」とは、男の人が女の人になったり、女の人が男の人になるために手術をする【もの／こと／ところ】です。

4．(定義する) ▷正しいものを選びましょう。
日本人にとってお風呂とは、体をきれいにして、リラックスする【もの／こと／ところ】です。

5．（注意する）
図書館員：すみません。静かにしてください。図書館は（　　　　　　）ですよ。
学生：あ、すみません。

6．（断る［予約］・説明する）▶（電話で）
旅館：はい、花の木旅館でございます。
本多：もしもし、一人旅をしたいんですが…。
旅館：申しわけございません。旅館は（　　　　　　　）ですので、一人旅はお断りしているんです。
本多：そうですか…。知りませんでした。ありがとうございました。

7．（定義する）
ニートとは、（　　　　　　　　　）である。

8．（定義する・主張する）
恋とは、（　　　　　　　　）である。
それに対して、愛とは（　　　　　　　　）である。

9．（主張する・定義する）
私の定義によれば、結婚とは、（　　　　　　　　）である。

3

Ｖだす（Ｖはじめる／Ｖおえる／Ｖやむ）

●「Ｖだす」は、自然に／勝手にそのことが始まったということを伝えます。「Ｖはじめる」は似ていますが、そのことをしようと思って始めた時にも使うことができます。「Ｖやむ」「Ｖ終える」は反対の意味を伝えます。

本文▶4行目

これをいいだしたのは、カール・ポパー（1902–94年）という人です。

例　雨が降り出した／降り始めた。
　　涙が自然に流れ出した／流れ始めた。
　　思わず笑い出してしまった／×笑い始めてしまった。

1．（雑談する）
今井：12月になって、急に（　　　　　　）だしたね。
原：そうですね。暖冬だとばかり思っていたのに。

２．（描写する［現場の状況］・相談する）
久谷：ラッシュアワーになって、道が（　　　　　　）だしたよ。
間に合うかな。
松本：間に合わないかもしれないから、（　　　　　　）。
３．（説明する［症状］）
医者：いつから首が痛いんですか？
患者：１週間前くらいから（　　　　　　）だしたんです。
４．（説明する［症状］）
車屋さん：エンジンの調子がおかしいんですね。
客：そうなんです。１ヶ月くらい前から変な音が（　　　　　　）。
５．（説明する［理由］）
窪田：最近、かっこよくなったんじゃない？
原田：そうなんだよ。髪型を変えたら、急に（　　　　　　）。
女の子からたくさんラブレターをもらっているよ。
６．（雑談する・忠告する）
金子：最近、（　　　　　　）んじゃない？
水野：そうなんだ。ストレスが多くてね。１ヶ月で5kgも体重が増えたよ。

4

ところが（しかし／でも）

☞第7課（p.120）も参照

●前の話から予想すると、きっとこうだろうと思うこととは、違うことを言うときに使います。

本文▶13行目

ところが、どうもそうではないとポパーは考えたのです。

１．（説明する［状況］）
今日はいい天気だったので、朝洗濯をしました。夕方には乾くはずですよね？　ところが、（　　　　　　）。

2．（説明する［ダイエット］）
やせたければ（　　　　　　　　　　　）と思いますよね？　ところが、食べないダイエットはかえって太ってしまうんですよ。

3．（雑談する・否定する［ゴールデンウィーク］）
黒田：ゴールデンウィークはどうでしたか？　楽しかったでしょう？
ケナード：ところが、（　　　　　　　　　　　）。

4．（否定する［相手の推測］）
陳：奨学金がたくさんあっていいですね。うらやましいです。
パトリシア：ところが、そうでもないんですよ。（　　　　　　　　）。

5．（否定する［相手の推測］）
鈴木：きのうデートだったんでしょ？　水族館に行くって言ってたよね。
佐藤：ところがねぇ、（　　　　　　　　　　　）。

6．（雑談する・否定する［相手の信念］）
ゆかり：来週、海に行くの、楽しみだね。晴れるといいねぇ。
あきお：いや、あの、僕もすごく楽しみにしてたんだよ。ところがさぁ…
ゆかり：えー！　まさか（　　　　　　　　　　　）。

7．（説明する［状況］）
遅刻だと思って走って教室に行った。ところが、（　　　　　　　　）。

8．（説明する［状況］）
800字のレポートなんかすぐ書けると思っていた。ところが（　　　　　　　　　　　　　　　）。

9．（説明する［状況］）
（　　　　　　　　　　　　　　　）。ところが、まだ何の返事もない。

■次のことばを使って、文を作ってください。
①（説明する［状況］）
【問題／解決／簡単／意外／難航】

5

つまり〜ということだ

●説明をしているとき、相手の人が分かっていないかもしれないと思うときや、他のことばや表現で言いかえたい時に「つまり」を使います。

●「すなわち」は大体同じ意味ですが、話し言葉では使われません。

> 本文▶17行目
>
> つまり、100万回実験を行なって100万回理論を支持するような実験結果がでてきたとしても、そのつぎの100万1回目に否定的な結果、理論がうまくいかないことを示すような精密実験データがでてきたら、もうその時点でその理論は通用しなくなる――。

1．（言う［苦情］・対応する［苦情に］）
鄭：先生、私はテストに合格したのにどうして授業は不合格なんですか？
先生：鄭さんは欠席を5回もしたでしょう？ 15回の授業のうち、3分の1欠席した人は自動的に不合格になるのよ。つまり、鄭さんは（　　　　　　　　　）ても、不合格ということなのよ。

2．（説明する・言う［意見］）
大学では、知識がたくさんあっても、どんなに高校の成績がよくても、独創的なアイデアと努力がなければ成功しません。つまり、頭のいい人が（　　　　　　　　　）というわけではないということです。

3．（説明する）
先生：成功するビジネスには「差別化」が必要です。
シュルティ：どういうことですか？ 先生。
先生：つまりね、（　　　　　　　　　）ても、成功しないということですよ。

4．（切り出す［言いにくいこと］・説明する［状況］）
社長：今期は我が社の商品が全く売れなくてね、それで、君たちには色々と我慢してもらわなければならないんだ。
社員：どういうことですか。
社長：つまり、ボーナスを（　　　　　　　　　）ということだよ。

5．（切り出す・祝う）
堀内：私、実は、（　　　　　　　　　　）んだ。
久保：つまり、彼と結婚するってことね？　わぁ、知らなかった。おめでとう！

6．（説明する［文化］）
日本語で「またこんどうちに遊びに来てね」という場合、具体的な日時を指すのではない。つまり（　　　　　　　　　　　）ということだ。

7．（説明する［常識］）
ビジネスの場面でこちらの提案に対して、「検討させていただきます」と言われたら、それはつまり（　　　　　　　　　）ということだろう。

8．（説明する［ことばの意味］）
就職活動で「ご縁がなかった」というのは、つまり（　　　　　　　　　）ということだ。

9．（想像する）
井上くんは、いつも忙しいとか都合が悪いとかいろんないいわけをして仕事を断っているが、つまりは（　　　　　　　　）ということのようだ。

10．（話し合う・問いただす）
美保：私たち毎日ずっといっしょにいるけど、これからは少し距離を置いたほうがいいと思うの。
寛樹：え！　つまり（　　　　　　　　　）ってこと?!
美保：違うわよ。距離を置くっていうのは、つまり（　　　　　　　　　　　）ってこと。

6

Vた
N／Naだった ｝としても
Aかった

●「～ても」と同じような意味ですが、もし、万が一「～」ということが起こってもそれとは関係なく「…」という意味で使います。

本文▶17行目

つまり、100万回実験を行なって100万回理論を支持するような実験結果がでてきたとしても、そのつぎの100万1回目に否定的な結果、理論がうまくいかないことを示すような精密実験データがでてきたら、もうその時点でその理論は通用しなくなる――。

1．（質問する・説明する［手順］）▶（市役所で）
謝：すみません、この書類を書きたいんですが、書き間違ったらどうしたらいいですか？
職員：もし間違ったとしても、（　　　　　　　　　）ば大丈夫ですよ。

2．（説明する）
日本語学校の事務員：はしかが流行しています。もし、熱があったり、鼻水が出たりしたら、（　　　　　　　　　）としても授業に来ずに家で休んでいてください。他の人に感染するかもしれませんからね。

3．（主張する・表明する［決意］）
仮に赤字が出たとしても、このプロジェクトはぜひ（　　　　　　　　　）。

4．（表明する［決意］）
（　　　　　　　　　）としても、自分の意志を貫くつもりだ。

■次のことばを使って、文を作ってください。
①（励ます・言う［気持ち］）
学生：先生、明日は1回目の留学試験です。失敗しないか不安です。
先生：【失敗する／2回目の留学試験／大丈夫】
②（注意する・止める）
イヴァナ：ちょっと、この牛乳変なにおいがするね。でも、賞味期限が来週までだから、大丈夫よね。
三宅：だめよ！　たとえ【賞味期限／まだ／におい／飲まない方がいい】

7 たとえば

●「たとえば」というのは、例を出すときに使います。例を出しながら、何かを提案するときや、勧めるときによく使います。

第1課

本文▶52行目

たとえば、ある現象が起きたとしましょう。

1.（説明する・例示する）
先生：留学生に人気のあるアルバイトといえば、どんな仕事がありますか？
張：そうですねぇ。たとえば、（　　　　　　　　　　　　　）。

2.（雑談する・例示する）
中島：最近、いろんなものにはまってるんだ。
坂東：たとえば？
中島：たとえば、（　　　　　　　　　　　　　　　　　）。

3.（述べる・例示する）
日本の若者の特徴として、いまいろんなことが言われています。例を挙げると、たとえば、（　　　　　　　　　　　　　　　　　）。

4.（仮定する・雑談する）
木村：（　　　　　　　　　　）たら、どうする？
河野：そんなこと、あるわけないじゃない。
木村：たとえば、だよ。

5.（提案する・受ける［アドバイス］）
宮崎：中国へ行きたいんだけど、どこへ行ったらいいと思う？
王：そうですね。たとえば（　　　　　　　　　　　　　）。

6.（説明する・例示する・言う［文句］）
丁：先生、日本人はとても曖昧ですね。何もはっきりと言ってくれません。
先生：そうですか？　たとえばどんな時にそう感じますか？
丁：たとえば、（　　　　　　　　　　　　　　　　　）。

29

7．（仮定する・言う［希望］）
真木：もっと技術が進んで、生活がよくなるとしたら、たとえばどんな機械がほしい？
池野：そうだなぁ。たとえば（　　　　　　　　　　）機械がほしいな。

8．（提案する・決める［デートの予定］）
彼氏：明日どんなデートがしたい？
彼女：うーん、何でもいいよ。決めて。
彼氏：そうだなぁ。…じゃあたとえば、（　　　　　　　　　　）に行ってから、（　　　　　　　　　　）っていうのはどう？
彼女：いいね。おもしろそう。じゃ、そうしよう。

8 それに対して

本文▶50行目

それに対して、たとえば疑似科学や宗教とかいわれるものは反証可能ではない。

●「それに対して」は、何かと何かを比べて違いを表現するときに使います。どちらかというと書く時によく使う表現です。

1．（言う［文句］）
先生：今回の試験、林さんは（　　　　　　　　　　）。それに対して、他のみんなは、どうしてこんな成績なんですか？
王：すみません。でも、林さんが飛び抜けてよくできすぎるんですよぉ…。

⊙飛び抜けて：他とは比べられないほど、抜群に。

2．（比べる［状況］）
日本では、電車の中で年長者に席を譲らない若者が多い。それに対して私の国では、（　　　　　　　　　　　　　　　　　　　　　　　　　　　）。

3．（解説する［違い］）

動物と人間の違いと言えば、動物は（　　　　　　　　　　　　　）。
それに対して、人間は（　　　　　　　　　　　　　　　　　　　）。

4．（比べる）

うちの両親の性格は対照的だ。母は、（　　　　　　　　　　　　）。
それに対して、父は（　　　　　　　　　　　　　　　　　　　　）。

5．（比べる）

彼女とは、ずっと結婚を前提につきあっていたつもりだった。それに対して、彼女のほうは、（　　　　　　　　　　　　　　　　　　）。

6．（比べる）

日本では、たとえ恋人同士でも、相手の携帯電話を見たりするのはよくないと言われる。それに対して私の国では、（　　　　　　　　　　　　　　　　　　　　　）。

7．（描写する・比べる）

10年前くらいのファクスは、紙がなければ受信することができませんでした。それに対して今のファクスは、（　　　　　　　　　　）ので、便利になりました。

■何か２つのものを比べて「それに対して」を使って表現してみましょう！
（　　　　　　　　　　　　　　　　　　　　　　　　　　　　　）

9 実は

●「実は」と言ってから、少し話しにくいことや、今まで秘密にしていたこと、とても大切なことを話しましょう。また、他の人から「…だ」と思われていることを、訂正するときに使います。

本文▶53行目

「いやいや、実はそれでもかまわないんですよ」

1．（描写する）

私はよく、明るい人だと言われますが、
実は（　　　　　　　　　　　）んです。

2．（否定する［一般的な信念］・説明する）

日本人は（　　　　　　　　　　　　　　　　）と思われているようですが、実はそんなことはないんです。

3．（打ち明ける［秘密］）

東：これは、ここだけの話ですよ。誰にも言わないでくださいね。

実は、（　　　　　　　　　　　　　　　　　）んですよ。

西：え〜〜！ それはぜんぜん知らなかった。

4．（打ち明ける［秘密］）

中井：今までだまっててごめんね。あのね…

下田：え？ なに？ どうしたの？

中井：実は…あの…（　　　　　　　　　　　　）んだ。

下田：なあんだ、そんなこと。それなら、もう知ってたよ。

5．（打ち明ける・頼む・申し出る）

林：課長、突然なんですが、来月で退職したいんですが…。

山内課長：え!? どうしてですか。

林：実は、（　　　　　　　　　　　　）、準備をしたいんです。

山内課長：そうかそうか。それはおめでとう。

6．（打ち明ける・謝る）

奥田：あのね、ちょっとあやまらないといけないことがあるの。

坂口：え？ 何？

奥田：実はね、（　　　　　　　　　　　　　　　　　）。

坂口：え？ あの本、高かったんだよー。どこでなくしたの？

7．（謝る・説明する）▶（電話で）

原田：もしもし。

店員：もしもし、原田さんのお電話でしょうか。

原田：そうですが。

店員：私、先ほどTシャツを買っていただいた店の者なんですが、先ほど5,000円払っていただいたんですが、実は（　　　　　　　　　）。

原田：そうですか。どうしましょうか。

店員：大変申し訳ありません。住所を教えていただければ、現金書留でお送りします。

⊙現金書留：お金を郵便で送るやり方。

8．（相談する）

佐々木：おー、堤、久しぶりだね。

堤：久しぶり。

佐々木：それで、相談したいことって何？

堤：実は（　　　　　　　　　　　　　　　　　　　）。

10

V こと
N（で） ｝ さえ／すら

●「すら」のほうが、書きことば的です。
※「～さえ／すら…」は、「～」ができない（できる）から、もちろん「～」より程度の高い（低い）人（物）もできない（できる）ということを表します。たとえば1.では「～」は「ひらがな」です。「ひらがなが書けないから、もちろん漢字も書けない」ということを言っています。

本文▶55行目

疑似科学の場合、ひどいときは理論も実験もまったく無視することさえありますから。

1．（描写する）▷正しいものを選びましょう。

先生：ジャルさんは、日本語を勉強してもう1年以上経つのに、まだ【ひらがな／漢字／レポート】すら書けないのはおかしいですよ。

銭：先生、もうちょっとやさしくしてあげてください。

2．（説明する［状況］）

携帯のメールなんて、いまどき（　　　　　　　　　）でさえ使いこなしている。

3．（非難する）

藤田：この漢字、何て読むんですか？

先生：君は大学生だろう？　この漢字も読めないの？　これは「ゆいのう」って読むんだよ。こんな漢字くらい、（　　　　　　　　　）でさえ読めるよ。

4．（うわさする・非難する）

和田：今日、木村先生、学校に来てるかな。

袁：来てないと思うよ。あの先生は、（　　　　　　　　　　）さえ、ほとんど学校にいないから。

5．（述べる［意見］）

国会議員でさえ（　　　　　　　　　　　　　　　）、子供が授業中に先生の話を聞かないのは当然だ。

6．（励ます）

松田：全然料理できないんだけど、練習したら上手になるかな？

富岡：大丈夫だよ。僕だって、一人暮らしを始める前は、（　　　　　　　　　　　　　　）。

7．（説明する［症状］）

医者：どうしましたか？

患者：昨日から、足がとても痛くて、歩く（　　　　　　　　　　　　）。

■次の文中で、「さえ／すら」はどこに使うでしょうか。

①来週の試験のために、食事の時間を惜しんで勉強している。
②先生が解けなかった問題を、李さんはすらすらと解いてしまった。
③実は、ある事情があって、結婚することをまだ親に話していない。

▶聞く

Disc 1 Tr ▶ 02-25

1	V1のは~ V2（という）ことだ／からだ N1／Naなのは ⎫ Aのは ⎬ N2だ ⎭	1. ⓐ ⓑ ⓒ 2. ⓐ ⓑ ⓒ 3. ⓐ ⓑ ⓒ		
2	N（と）は、~もの／ところ／ことだ（定義）	1. ⓐ ⓑ ⓒ 2. ⓐ ⓑ ⓒ 3. ⓐ ⓑ ⓒ		
3	Vだす（Vはじめる／Vおえる／Vやむ）	1. ⓐ ⓑ ⓒ 2. ⓐ ⓑ ⓒ 3. ⓐ ⓑ ⓒ		
4	ところが（しかし／でも）	1. ⓐ ⓑ ⓒ 2. ⓐ ⓑ ⓒ 3. ⓐ ⓑ ⓒ		
5	つまり~ということだ	1. ⓐ ⓑ ⓒ 2. ⓐ ⓑ ⓒ		
6	Vた ⎫ N／Naだった ⎬ としても Aかった ⎭	1. ⓐ ⓑ ⓒ 2. ⓐ ⓑ ⓒ 3. ⓐ ⓑ ⓒ		
7	たとえば	1. ⓐ ⓑ ⓒ		
8	それに対して	1. ⓐ ⓑ ⓒ		
9	実は	1. ⓐ ⓑ ⓒ 2. ⓐ ⓑ ⓒ		
10	Vこと ⎫ N（で）⎬ さえ／すら ⎭	1. ⓐ ⓑ ⓒ 2. ⓐ ⓑ ⓒ 3. ⓐ ⓑ ⓒ		

▶話す

1

V1のは〜V2（という）ことだ／からだ
N1／Naなのは
Aのは　｝N2だ

1．（言う［文句］）
コーヒーを注文したのに、紅茶が出てきました。一言！
店員：お待たせしました。紅茶でございます。
あなた：あの、(　　　　　　　　　　　　　　　　　　)。

2．（電話する・説明する［誤解だということ］）
窪田さんは、メールをするといつも必ず返事をしてくれます。忙しいのに申し訳ないと思ったあなたは、「もうメールの返事はしなくてもいいですよ」というメールを送りました。次の日、窪田さんは、「僕のメールが迷惑なんですね」という返事を送ってきました。電話して、誤解を解きましょう。
窪田：僕のメールが迷惑だったんでしょう？　もういいですよ。二度とメールしませんから。
あなた：(　　　　　　　　　　　　　　　　　　　　　　)。

3．（言う［文句］）
2ヶ月前にDVDプレーヤーの修理をお願いしたのに、まだ連絡がありません。修理会社に電話して文句を言ってください。
あなた：もしもし？(　　　　　　　　　　　　　　　　　)。

2 N（と）は、〜もの／ところ／ことだ（定義）

1．（紹介する・描写する・説明する）
日本にはなくて、あなたの国には普通にあるものを紹介してください。そしてそれがどんなものなのか、みんなに説明してあげてください。

2．（定義する・言う［意見］）
あなたにとって「ふるさと」はどんなところですか？　日本には「ふるさとは、遠くにありて想うもの」という諺もあります。

3．（話し合う）
あなたにとって、友達と恋人はどう違いますか？　たとえば、異性の友達と食事をするのは浮気だと思いますか？　話し合いましょう。

4．（定義する・言う［意見］）
あなたにとって、留学とは何ですか？　大学とは何ですか？

5．（定義する・話し合う）
あなたにとって、「家族」、「音楽」、「遊び」とは何ですか？　話し合ってください。

3 Vだす（Vはじめる／Vおえる／Vやむ）

1．（説明する［症状］）
先週から、首の調子がよくないあなた。首を回すと変な音がします。病院に行って、症状を伝えてください。そのとき、その症状がいつ始まったか、お医者さんに教えてください。
先生：どうしましたか？
あなた：（　　　　　　　　　　　　　　　　　　　　　　　）。

2．（描写する［状況］）
友達からヨーグルトをもらったあなたは、少しずつ食べながら、新しいヨーグルトを作っています。でも、先週から少し変なにおいがします。友達に言ってみてください。
友達：ヨーグルト、おいしいでしょ？
あなた：それがね、（　　　　　　　　　　　　　　　　　　）。

4 ところが（しかし／でも）

1．（説明する［事情］）
A：先週の日曜日、デートだったんでしょ？　どうだった？　どこ行ったの？
B：ところが（　　　　　　　　　　　　　　　　　　　）。

2．（言う［意見］・否定する［相手の信念］）
A：地球温暖化なんて僕たちには直接何もできないですよね？
B：ところが（　　　　　　　　　　　　　　　　　　　）。

5 Vた／Ｎ／Naだった／Aかった ｝としても

1．（なだめる）
A：ねえ、このキウイ、ちょっと変なにおいがしない？　ちょっと食べちゃった…。
B：大丈夫、大丈夫。果物は（　　　　　　　　　　　　）。

2．（アドバイスする）
とてもかっこいい先輩に告白しようとしているあなたの友人がいます。「ふられたらどうしよう？」と言っています。あなたならなんと言いますか？
（　　　　　　　　　　　　　　　　　　　　　　　　　）。

3．（アドバイスする）
友達の崔さんは、指導教員の先生のことをどうしても好きになれません。理由は、「尊敬できないから」だそうです。あなたならどんなアドバイスをしますか？
（　　　　　　　　　　　　　　　　　　　　　　　　　）。

6 たとえば

１．（言う［意見］）
性差別をどんなときに感じますか？ 話してください。

２．（話す［エピソード］・言う［意見］）
最近の若者のマナーについてどう思いますか？ 具体的なエピソードをまじえて話してください。

３．（仮定する）
たとえば3億円の宝くじがあたったとします。あなたならどうしますか？

7 実は

１．（報告する・打ち明ける［事情］）
大学3年生のあなた。急に就職が決まってしまって、大学を退学したいと思います。先生に報告しに行ってください。

２．（頼む・打ち明ける［事情］）
来月試験があるのですが、その時、あなたはオーストラリアにいる彼女の両親に結婚のあいさつに行かなければなりません。もう飛行機のチケットもとって、彼女の両親とも約束をしてしまいました。先生にお願いしてください。

３．（打ち明ける・発表する）
あなたの意外な一面を、みんなに教えてあげてください。

▶タスク

1 話しましょう。

1

読解の本文の内容について、今日、あなたが大学の講義で聞いたとしましょう。
講義の後、友だちから講義の内容について聞かれます。
友達の質問を聞いて、内容を説明してあげてください。

Q1：さっきの講義、何についての話だったの？
Q2：へぇ。科学を定義した人って、誰なの？
Q3：ふぅん。で、科学の定義って、一言で言うとどうなるの？
Q4：ふんふん。その「反証」って、どういうこと？
Q5：なるほど。じゃ、たとえば、数学と科学は何が違うわけ？
Q6：それじゃ、宗教とはどう違うんだろう？

2

1．（話し合う）
あなたにとって、「かけがえのないもの」とは、何ですか？
なぜそれを選びましたか？　みんなで話し合ってください。

2．（定義する）
あなたにとって、「日本への留学」とは、どんなもの、どんなことですか？
自分なりの定義をしてください。

3．（比べる）
あなたは大学を選ぶとき、
A：大都会の大学と地方都市の大学では、どちらを選びますか？
B：伝統のある大学と、個性のある新しい大学では、どちらを選びますか？
比べながら話してください。

2　ロールプレイング

1．（言い訳する）
Ａ：大学1年生のあなた。今年、必修だった授業の単位を落としてしまいました。あなたには、今まで先生には言えなかった事情があって、授業に出ることができなかったのです。事情を話して、何とかしてもらってください。

Ｂ：あなたは大学の先生です。学生のＡさんが部屋に来ました。

2．（依頼する）
Ａ：あなたは、レポートを書こうと思っていましたが、あなたのパソコンの調子が悪くなって、使えなくなりました。締め切りは明日です。さあ、どうしましょう？

Ｂ：あなたの友達のＡさんがパソコンが故障したと言っています。あなたならどうしてあげますか？　あなたはパソコンを1台持っていますが、あなたも週末までに書かなければならないレポートがあります。

3．（計画する・話し合う）
みんなで週末にどこかに行く計画をしています。どんなところに行ったらいいか、色々提案して、旅行の計画を立ててください。

4．（アドバイス）
Ａ：今度の土曜日、あなたは付き合いはじめたばかりの恋人とデートをすることになりました。どこに行ったらいいかも分かりませんし、何を食べたらいいのか、何をすればいいのか全然分かりません。この町のことをよく知っているＢさんにアドバイスをもらってください。Ｂさんは、あなたが付き合いはじめたことを知りません。

Ｂ：Ａさんから相談を受けます。アドバイスをたくさんしてあげてください。

▶書く

1.
大学では様々な学問が勉強できます。次の学問は、お互いにどう違いますか。また、その学問を勉強したいときは、何学部に入りますか。興味のあるものを選んで調べてください。そしてどう違うか説明してください。あなたならどちらを勉強したいですか？
　ⓐ経済学と経営学
　ⓑ日本文学と日本語学
　ⓒ倫理学と論理学

2.
本文では、科学の基本は「反証可能性」であると書かれていました。あなたはその他に、科学にとって必要なものがあると思いますか？　書いてください。

3.
あなたは、「科学」を勉強するために、大学に入学しようとしています。この課を勉強する前と後とで、あなたの大学に対するイメージはどのように変わりましたか？　書いてください。

第2課

● テーマ

現代の若者のマナー

この課の内容

トピック：現代の若者について

関連分野：社会学、心理学

文法項目：どんなに／たとえ〜ても、つい〜てしまう、そもそも、〜わけだ、ただ、〜かぎり（は）

聞く：言いわけ、事情、条件、友人同士のインフォーマルな会話

話す：言いわけする、説明する、出来事を説明して苦情を言う、苦情に対して謝罪する

書く：若者のマナーについて比較して意見を述べる

ウォームアップ

1. あなたはよく電車に乗っていますか。電車に乗っているとき、あなたは何をしますか。
2. 電車の中で、マナーが良くないと思ったことがありますか。それはどんなことでしたか。
3. 電車の中で、若者たちはどんなことをしていますか。あなたはどうですか。
4. 電車の中でのマナーアップのために、どんな対策が考えられますか。

ここでの主な言葉

これだけは覚えよう

語彙
- □ 風景(ふうけい)
- □ 公共(こうきょう)
- □ 信頼性(しんらいせい)
- □ 法則(ほうそく)
- □ 通(つう)じる
- □ 感覚(かんかく)
- □ 平気(へいき)な
- □ 傍若無人(ぼうじゃくぶじん)な
- □ 共有(きょうゆう)する
- □ 迷惑(めいわく)をかける
- □ 被害(ひがい)
- □ 〜に及(およ)ぶ
- □ 不愉快(ふゆかい)な
- □ 標準(ひょうじゅん)
- □ 意識(いしき)
- □ 高度(こうど)な
- □ を要(よう)する
- □ 意志(いし)
- □ 寛大(かんだい)な
- □ を無視(むし)する
- □ 意外(いがい)な

文法
- □ どんなに / たとえ { V ても / A くても / Na でも }
- □ つい V てしまう
- □ そもそも
- □ V / N / A/Na } わけだ
- □ ただ
- □ V / A/Na } かぎり（は）

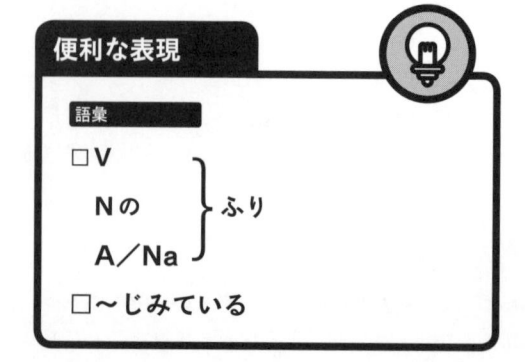

便利な表現

語彙
- □ V / Nの / A/Na } ふり
- □ 〜じみている

▶読む

出典：香山リカ●『若者の法則』（2002）岩波新書（p.102-105）

仲間以外はみな風景。そう言ったのは社会学者の宮台真司さんである。どんなにたくさんの人の中や公共の場にいても、若い人たちの目には、自分のすぐ横にいる仲間や友だち以外は電柱やガードレールなどの風景にしか映っていない、という意味だ。きわめて信頼性の高い「若者の法則」だと思う。

もちろん、電車の中でもこの法則は通じる。たとえ満員電車に乗っていても、若者にとっては家具や植木鉢と同じ車両にいるという感覚しかない。だから、平気で化粧もすれば弁当も食べる。部屋の中で、「机が見ているから恥ずかしくて化粧ができない」と言う人はいないだろう。それと同じことだと考えれば、「どうして電車であんな傍若無人なふるまいをするのか」という謎も解けるのではないか、と思う。

ただ問題は、この「若者の法則」は若者が勝手に決めてしまったもので、社会全体のものではない、ということだ。全員がこれを共有し、「電車や公園でもまわりの人間はいないものとして行動してよい」ということになれば、それぞれが勝手なことをやればよいだけなのだから摩擦も起きない。直接、自分に迷惑や被害が及ばない限りは、「見えないようにする」ことですべてをすませるわけだ。しかし、まだ多くの大人たちにとっては、若者が電車で化粧をしたり、恋人とベタベタしたりするのは「みっともない」「不愉快だ」と感じられる。そのギャップが問題なのだ。

では今後は、たとえば電車の中などでは、どちらを標準ルールとすればよいのか。「それぞれが他人の目を意識せずに好きなことをする」という若者ルールの方か、それとも「他人の目がある公共の場では、やってはいけないことがある」という大人ルールの方か。

私自身は「（　　　　）ルール」にシフトしていくのも仕方ないではないかと思う一方で、「それは意外にむずかしいことかもしれないな」と感じている。なぜなら、「他人の目を意識しない」ことは簡単だが、「自分も他人を意識しない」ことはかなり高度なテクニックを要するからだ。

最近、「電車や駅でいちばん暴力的なのは五十代男性」という調査結果が新聞に載っていた。酔っ払ったり仕事で疲れたり、と理性や意志の力が弱まっているときに、電車で他人にぶつかったり駅員に何かで注意されたりすると、つい大声をあげたりなぐりかかったりしてしまう。そんな大人がけっこう多いらしい。つまり、他人に対して寛大になったり、

― ふるまい
　謎
　解ける

― 摩擦

― シフトする
　テクニック

― 暴力をふるう／受ける
　理性
　載る

すべては"風景"だとその言動をいっさい無視したりするのは、意外にむずかしいのだ。自然に周囲を無視できているように見える若者も、実はエネルギーを使っているのかもしれない。

今の若者たちが四十代、五十代になり、仕事や家庭でのストレスがたまってくる年代になっても、電車で「自分は自分、他人は他人だよ」と思い続けられるだろうか。みんなが好き勝手に食べたり歌ったり踊ったり着替えたりしている車内で、すべてを"見ないふり"してすませることなどできるだろうか。「自分はやりたいことやるけど、他人がそうするのは耐えられない！」と"キレる大人"が続出、などということにならないだろうか……。そう考えると、他人をまったく意識しないという若者ルールの実行には、大人ルール以上の理性や意志の力、ある種のトレーニングが必要、ということがわかるだろう。

それでも若者たちは、「好きなことしていいじゃないか」と言うだろうか。「だいじょうぶ。問題なんて起こさないから、電車の中でもみんなが他人を気にしないでそれぞれ好きなことやろうよ」と言いきれる若者は、そもそもそれほど逸脱したことをしないような気もする。たとえば、よく問題になる電車内での携帯電話の使用にしても、多くの若者はメールだけかごく小声で会話している。大声でしゃべっているのは、たいてい大人だ。電車の中でひとりひとりが個室にいるかのようにやりたいことをやり、それでも車両全体では静けさや安全が保たれている。ちょっとSFじみているが、10年後には日本中の電車でそんな光景が見られるようになるのかもしれない。

入試問題対策

① 8行目下線部「平気で化粧もすれば弁当も食べる」のはなぜか。説明しなさい。
② 24行目の（　　）に入ることばを本文中から選びなさい。

便利な表現

1

V
Nの
A／Na
｝ふり

●本当はそうではないのに、そうであるかのように行動することを表すときに使います。

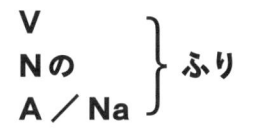

本文▶38行目

みんなが好き勝手に食べたり歌ったり踊ったり着替えたりしている車内で、すべてを"見ないふり"してすませることなどできるだろうか。

1．（非難する）
田中：さっきの会議で、どうして何も発言しなかったの？
高村：だって、話が長くなりそうだったから。
田中：だからって、本当のこと知ってるのに（　　　　　　　　　　　）のは、よくないよ。

2．（非難する）
李：優先座席のマナーって、ほんとうによくないね。
田村：ほんとに。さっきも、目の前にお年寄りが立ってるのに、座っている大学生たちが（　　　　　　　　　　　　）。
李：なんでそんなことができるんだろうね。

2

● 本当はそうではないのに、そのような様子に見えることを表すときに使います。否定的な意味を伴います。

～じみている

本文▶53行目

ちょっとSFじみているが、10年後には日本中の電車でそんな光景が見られるようになるのかもしれない。

1．（非難する）
相田：最近、ちょっと困ってるんだ。
坂本：どうしたの？
相田：実は、先週の会議で提案に反対したからって、課長が口も利いてくれないんだ。
坂本：それは（　　　　　　　　　　　　　）ね。大人のすることじゃないな。

■次のことばを使って、文を作ってください。
（否定的に評価する）
【講義／説教／おもしろくない】

内容理解

1. この文章で説明されている「若者の法則」とは、どのようなことですか。
2. 若者にとって、平気で電車の中で化粧をしたり弁当を食べたりできるのはなぜでしょうか。
3. 19行目「そのギャップ」：何と何の間のギャップですか。
4. 筆者は「若者ルール」と「大人ルール」のどちらを支持していますか。
5. 「大人ルール」と「若者ルール」を比べるとどちらのほうが実行が難しいでしょうか。
6. 10年後、日本では電車の中でどんな光景になっているでしょうか。

▶文法

1

●「どんなに〜ても…」でものすごく「〜」したのだけれど「…」と、普通「〜」すれば「…」とは違う結果を期待するのに、そうならずに「…」になる、ということを表します。

どんなに / たとえ
- Vても
- Aくても
- Naでも

本文▶2行目

どんなにたくさんの人の中や公共の場にいても、若い人たちの目には、自分のすぐ横にいる仲間や友だち以外は電柱やガードレールなどの風景にしか映っていない、という意味だ。

1．（強調する）
長谷川：どう？　彼女には許してもらえた？
堤：ううん、どんなに
（　　　　　　　　）、
許してもらえないんだよ。

2．（強調する）
先生：福島君、眠そうね。どうしたの？
福島：すみません、先生。最近どういうわけか、どんなに（　　　　　）、眠いんです。

3．（強調する）
市川：このパソコン、1万円で買ってくれない？
高田：これ、10年前のでしょ？　こんな古いもの、
どんなに（　　　　　　　　　　　　　　　　）。

■次のことばを使って、文を作ってください。
① 【どんなに／考える／解決策／見つかる】
② 【どんなに／科学技術／発達／不可能】
③ 【たとえ／失敗／あきらめる】
④ 【たとえ／役に立つ／学問】

2　ついVてしまう

●本当は、してはいけない、話してはいけないことなのに、がまんできずにしてしまうときに「つい」を使います。

本文▶29行目

酔っ払ったり仕事で疲れたり、と理性や意志の力が弱まっているときに、電車で他人にぶつかったり駅員に何かで注意されたりすると、つい大声をあげたりなぐりかかったりしてしまう。

１．（言い訳する）
長谷川：こないだ、私が「内緒ね」って言って教えてあげたこと、三井さんにしゃべったでしょ!?
堤：ご、ごめん！　お酒を飲んでてさ、つい（　　　　　　　　　）。

２．（言い訳する）
彼氏：あのさー、また僕の携帯のメール見たでしょう？
彼女：あなたが携帯を私の目の前においておくからでしょ？　私、携帯がおいてあると、つい（　　　　　　　　　　　）。

３．（説明する［事情］）
陳：レポート終わった？
ケビン：いや、まだなんだ。あと３日あると思ったら、ついつい（　　　　　　　　　　　　　　　）。

４．（説明する［事情］）
あなたが「ついやってしまうこと」はどんなことですか？

■次のことばを使って、文を作ってください。
① （説明する［事情］）
【100均／いらないもの／つい】
② （言いわけする）
【ダイエット／ケーキ／つい】

3 そもそも

●話題になっていることの本質やそのことが始まった／始めたきっかけを言うときに使います。話をさかのぼる時にも使います。

本文▶46行目

「だいじょうぶ。問題なんて起こさないから、電車の中でもみんなが他人を気にしないでそれぞれ好きなことやろうよ」と言いきれる若者は、そもそもそれほど逸脱したことをしないような気もする。

1．（質問する［原因］）
王さんとマレックさんが大きな声でけんかをしています。
でも、原因が分かりません。けんかをとめて、原因を聞いてみてください。
王：マレックが悪いんだよ!!
マレック：いや、王君の方がいけない。
あなた：ちょっと2人とも落ち着いて！（　　　　　　　　）？

■次の①〜③の文では、文中のどこに「そもそも」を入れることができるでしょうか。

① （問題提起する）
「ストレスがたまる」というけれど、ストレスって何だろう？

② （問題提起する）
『若者の法則』という本があるけれど、「若者」って何才から何才の人だろう？

③ （説明する［事情］）
江原：何を悩んでいるの？
川合：僕はみんなに親切にしているのに、僕に意地悪をする人がいるんです。
江原：みんなに好かれるのは無理だよ。

4

☞第1課（p.19）も参照

●「文1。文2わけだ」で、「文1」で言ったことから考えると、当然「文2」ということが言える、という表現です。

$$\left.\begin{array}{l}V\\N\\A／Na\end{array}\right\}わけだ$$

本文▶16行目

直接、自分に迷惑や被害が及ばない限りは、「見えないようにする」ことですべてをすませるわけだ。

1．（推論する・確認する）
李：先生、来週の授業、休ませてくださいませんか？
先生：あなた、もう欠席が5回目よ。もう単位は（　　　　　）わけね？

2．（推論する・確認する）
張：実は、来月、帰国することになったんです。
宮崎：じゃあ、卒業記念パーティーには（　　　　）わけ？　残念だなぁ。

3．（推論する・確認する）
妻：今日は職場の忘年会があるんだけど。
夫：じゃあ、また今日も（　　　　　　）わけ？

4．（結論を述べる）
e-チケットだと、ネットでチェックインできるので、もう（　　　　　）必要はないわけです。

5．（結論を述べる）
クレジットカードで100円の買い物をすれば1ポイントたまります。100ポイントで100円の買い物ができます。ですから、（　　　　　　　　）というわけです。

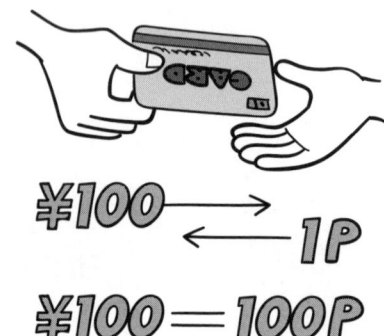

6．（推論する）
朴：どうしたの？　こんな時間に電話してきて。
中村：実はね、彼女と最近うまくいってなくて…さっき彼女から電話があって…。
朴：ああ、（　　　　　　　　　　　　　　）というわけね？

5

●先に述べた内容に対して、より詳しい情報（限定、修正、注釈）を加えるときに使います。先に述べたことが自分の言いたいことの全てではない、という意味になります。

ただ

本文▶12行目

ただ問題は、この「若者の法則」は若者が勝手に決めてしまったもので、社会全体のものではない、ということだ。

１．（限定する）
王：フランカさんって知ってる？
アンヘル：名前は知ってるなぁ…。
ただ、（　　　　　　　　　）。

２．（修正する）
小阪：旅行の計画は、これでばっちりだよね。
山田：うん。大体いいと思うけど…。ただ、（　　　　　　　　　）。

３．（限定する）
三原：君の論文は、（　　　　　　　　　）。ただ、第２章だけはよかったよ。
石橋：そうですか。分かりました。書き直してみます。ありがとうございます。

４．（限定する）
日本語は、細かい文法のことなどを考えずに、話せればいいんだと思って勉強すればいいと思う。ただ、将来（　　　　　　　　　）と思っているのなら話は別だ。

５．（修正する）
インスタント食品は、時間も有効に使えて、最近では味もよくなっている。ただ、（　　　　　　　　　）。

6

V
A／Na } かぎり（は）

●後ろの出来事や行為が実現するための条件を述べるときに使います。前の条件が実現しないと、後ろの出来事や行為も実現しない、という意味になります。
後ろの内容を提案したり、相手に警告したいときにも使います。

> 本文▶16行目
>
> 直接、自分に迷惑や被害が及ばない限りは、「見えないようにする」ことですべてをすませるわけだ。

1．（言う［条件］）
伊藤：林田先生のクラスは楽勝だよ。
斉藤：そうそう。授業に出席しているかぎり（　　　　　　　）ってうわさだよ。

2．（提案する）
許：ぼくが生きてるかぎり、一生（　　　　　　　　　　）。
山田：それって、もしかしてプロポーズ?!

3．（警告する）
店長：きみが生活態度を改めないかぎり、（　　　　　　　　）。
店員：ええ?!　それは、困ります。以後、重々気をつけます。

4．（注意する）
いくらクラブやバイトが忙しくても、学生であるかぎり（　　　　　　　　　　）。

5．（言う［条件］）
地球上から（　　　　　　　）がなくならないかぎり、万人の幸福はありえない。

6．（言う［条件］）
このデータは防犯のため（　　　　　　　）限り閲覧することはできません。

▶聞く

Disc 1 Tr ▶ 26–32

1	どんなに たとえ { Vても / Aくても / Naでも }	1. ⓐ ⓑ ⓒ 2. ⓐ ⓑ ⓒ 3. ⓐ ⓑ ⓒ
2	ついVてしまう	1. ⓐ ⓑ ⓒ
3	ただ	1. ⓐ ⓑ ⓒ 2. ⓐ ⓑ ⓒ
4	V / A／Na } かぎり（は）	1. ⓐ ⓑ ⓒ

▶話す

1　ついVてしまう

1．（言い訳する）
ダイエット中のあなた。街を歩いていたら、おいしそうなケーキ屋さんがあって、ケーキを3つ買ってしまいました。そのことを友達に教えてください。

2．（説明する［事情］）
今日はテストです。昨日の晩、あなたは勉強するつもりでしたが、好きなテレビ番組を見ました。「ねえねえ、勉強した？」と聞いてきた友達に一言。

▶タスク

Disc 1 Tr ▶ 33

1 CDを聞いて答えましょう。

1
- ⓐ ⓑ ⓒ
- ⓐ ⓑ ⓒ
- ⓐ ⓑ ⓒ

2 ロールプレイング

A：あなたはよく行くレストランに、大切な友達を連れて行きました。ところが、接客をした若い店員の態度がとても悪くて、あなたはとても腹を立てています。その日は、何も言わずに帰りましたが、3日後にお店に電話して、店長に文句を言ってください。

B：あなたはレストランでアルバイトをしています。苦情の電話がかかってきましたが、今日は店長が休みです。こういう電話がかかってきたら、話を聞いて、あとで店長に報告するように言われています。

▶書く

あなたは日本の若者のマナーは悪いと思いますか？　あなたの国の若者と比べて、あなたの意見を書きましょう。

第3課

●テーマ
親孝行な男の子

この課の内容

トピック：むかしばなし
関連分野：文学
文法項目：そこで、〜ずつ、〜なんて、〜ものだ、それでも、すると、〜ながら
　聞く：依頼、授業、客と従業員の会話、電話
　話す：プレゼントする、連絡する、エピソードを話す、うわさする、説得する、意見を言う
　書く：「むかしばなしは必要か？」、「文学と人生」について書く

ウォームアップ

1. 日本のむかしばなしを聞いたことがありますか。どんなお話ですか。
2. 小さいときに、どんなむかしばなしを聞きましたか。
3. 「親孝行な」人とは、どんな人のことですか。

ここでの主な言葉

これだけは覚えよう

語彙

- □ 親孝行な
- □ むかし ー いま ー （　　　）
- □ 決して〜 { V / N／Naでは / A く } ない
- □ 〜にさからう
  （反抗する、（　　　）を聞かない）
- □ すなおな
- □ 〜を聞き入れる
- □ 〜をすすめる
- □ 下駄
- □ ぞうり
- □ 片方 ⟷ （　　　）
- □ 〜をがまんする
- □ 〜がやってくる
- □ 〜にびっくりする＝（　　　）
- □ いいつけ
- □ すっかり
- □ 大金

文法

- □ そこで
- □ Nずつ
- □ { V / N / A／Na } なんて
- □ { V / A／Na } ものだ
- □ それでも
- □ すると
- □ { V / N / A／Na } ながら（も）

▶読む

出典：西本鶏介◉「親孝行な男の子」『日本のむかし話16』（2007年6月17日掲載）毎日新聞

むかし、親孝行な男の子がいた。両親のいうことには決してさからわず、なんでもすなおに聞き入れた。

男の子は寺子屋へ通っていて、お父さんから

「習い事がすんだら、まっすぐもどってくるように」

と、いわれると、仲間が遊んでいても、大いそぎで家へもどってきた。食べ物の好ききらいはいわず、お母さんから

「これを食べるように」

と、すすめられると、どんなものでも残らず食べた。

ある日、寺子屋へ行こうとしたら、お父さんが

「今日は雨が降るかもしれないから下駄をはいて行け」

と、いった。男の子が下駄をはいて表に出ると、お母さんが、

「天気になるかもしれないから、ぞうりをはいて行け」

と、いった。そこで男の子は右足に下駄をはき、左足にぞうりをはいて出かけていった。男の子のはきものを見て、町の人たちが笑った。

「下駄とぞうりを片方ずつはくなんてどうかしているよ」

「よくはずかしくないものだ」

それでも、男の子はがまんして歩いた。

すると向こうから家来をつれた殿さまがやってきた。殿さまはびっくりして男の子にたずねた。

「どうして、下駄とぞうりをはいている」

男の子は立ちどまってこたえた。

「はい、父が下駄をはいて行けといい、母がぞうりをはいて行けといいました。だから両親のいいつけを守って、両方はいているのです」

すっかり感心した殿さまは、

「子どもながら見あげた心がけじゃ。ほうびをとらせよう」

と、いって男の子に五百両もの大金をあげたそうな。

📖 寺子屋

📖 どうかしている
家来
殿さま

📖 両
あげたそうな

入試問題対策

1. 4行目「まっすぐ」の意味を書きなさい。
2. 16行目「よくはずかしくないものだ」の「よく」と同じ意味のものはどれか。
   ①小さいころは、よく熱を出していた。
   ②階段から落ちたのに、よくけがもせずに済んだなあ。
   ③今度のテストは、自分でもよくできたと思う。

内容理解

1. 「男の子」は、どんな子どもですか？ 話してください。
2. 「男の子」は、どうして右足に下駄をはき、左足にぞうりをはいて出かけましたか？
3. 「男の子」を見てみんなはどうしましたか？ 「殿さま」はどうしましたか？

▶文法

1

そこで

●何か出来事や事情があり、そのことにもとづいて、続きの場面や考えを言うときに使います。

本文▶13行目

そこで男の子は右足に下駄をはき、左足にぞうりをはいて出かけていった。

1．（指示する）
今日はみんなに集まってもらいましたが、残念ながら雨が降っています。そこで（　　　　　　　　　　　　　　　　）。

2．（依頼する）
先生、私は日本に留学したのですが、大学で日本の歴史について勉強したいです。そこで、（　　　　　　　　　　　　　　　　）。

3．（描写する［状況］）▶（物語で）

太郎はもう3日もご飯を食べていませんでした。お金ももう一円もありません。そこで、
（　　　　　　　　）。

2

● 全体をN（数）に分けることを表します。一つ一つは同じ量や程度です。

Nずつ

本文▶15行目

「下駄とぞうりを片方ずつはくなんてどうかしているよ」

1．（出題する・答える）

先生：ケーキが12個あります。子供が3人います。ひとりにいくつずつありますか？

生徒：（　　　　　）個ずつあります。

2．（アドバイスする）

チョンフン：先生、日本語が上手になるためにはどうすればいいですか？

先生：毎日（　　　　　　　　　　）ずつ勉強することです。

1日（　　　　　　　　　　）ずつ勉強してはどうですか？

3．（依頼する）

車谷：ちょっと手伝って。100人に手紙を送らないといけないんだけど、時間がないんだ。2人でやれば（　　　　　　　　）ずつ住所を書けばいいだろう？

石田：オッケー。手伝おう。

3

$$\left.\begin{array}{l}\text{V}\\\text{N}\\\text{A / Na}\end{array}\right\}\text{なんて}$$

●「～なんて」で、「～」を強調しながら、評価します。その評価はいいときも、わるいときもあります。

本文▶15行目

「下駄とぞうりを片方ずつはくなんてどうかしているよ」

1．（非難する・反論する）
辛：大学生の彼女に30万円もする（　　　　　　　）なんて、高すぎるよ。
マレック：そうかなぁ。でも、千円の（　　　　　　　）なんて、彼女は喜んでくれないよ。

2．（うわさする・褒める）
周：堤先生の授業はアイデアがいつもおもしろいね。（　　　　　　　）なんて、普通の授業ではやらないよ。
アンヘル：本当だね。こないだなんて、「浮気」について議論しろって仰ってたよ。
周：おもしろいテーマじゃない！　でも、僕は浮気なんて（　　　）なぁ。

3．（相談する・止める）
一井：もう彼と別れようかなぁ。最近あまり会ってくれないし。
森：だめだよ。彼はいつも一井さんのことを「愛してる」って僕に言ってるよ。日本人で（　　　　　　　）なんて、なかなかいないよ～。

4

$$\left.\begin{array}{l}\text{V}\\\text{A}／\text{Na}\end{array}\right\}\text{ものだ}$$

●「～ものだ／もんだ」で、とても感動したり、非難したりしているということを表します。また、「～」したいという気持ちを強く表します。「～たい／たくないものだ」で、強い願望を表します。

> 本文▶16行目
>
> 「よくはずかしくないものだ」

1．（描写する・非難する）
馬：あそこのお好み焼き屋さん、味落ちたね。
前野：そうだね。最近、ご主人、やる気なさそうだね。（　　　　　　　　）ものだね。

2．（うわさする・非難する）
金：李さんね、欠席があんなに多いのに、先生に合格させてって言いに行ったんだって。
平岩：えー!?　すごいね。よく（　　　　　　　　　　　）もんだね。

3．（言う［感想］・悲嘆する）
中島：最近さ、肌のツヤがなくなってきたんだ。（　　　　　　　　）もんだよ…。
上原：お互いに、年は（　　　　　　　　　　　　）もんだね。

5

● 「～。それでも…」は、「～から考えると、…するのは難しい、ムダだ、ばかばかしいのは分かっていますが、やります、やらなければなりません、という気持ちを強調する」という意味です。

それでも

> 本文▶17行目
>
> それでも、男の子はがまんして歩いた。

1．（忠告する・宣言する［決意］）
山村先生：後藤君、本当に東阪大学を受験するつもり？　この成績では絶対合格できないよ。
後藤：先生、すみません。今まで勉強していませんでした。難しいとは知っていますが、それでも（　　　　　　　　　　　　　）。

2．（話す［時事について］・言う［状況］）
赤星：最近、ガソリン代が高いですね。毎月毎月値上がりしていますよ。
藤本：それでも、（　　　　　　　　　　　　　　　）。
私は車で通勤していますから。

3．（言う［気持ち］・聞く［意志］）
王：私の彼が浮気したのよ。くやしい～～!!
山田：それでも、（　　　　　　　　　　　　　　　）？

6

すると

●「すると」は、何かを行うと、それをきっかけにして、別の出来事が続いて起こる様子を表します。時間的に連続している出来事をつなげるときにも使います。

> 本文▶18行目
>
> すると向こうから家来をつれた殿さまがやってきた。

1．（描写する）

おばあさんは、その大きな桃を切りました。すると、（　　　　　　　　　　　　　　　　　　　　　）。おばあさんは、その子を「桃太郎」と名付けました。

2．（説明する）

松嶋さんは、デパートで迷子になっている子供にやさしく「どうしたの？お母さんは？」と聞きました。すると（　　　　　　　　　　）。

7

●「〜ながら（も）」は、「〜」だけれど、という意味です。

$$\left.\begin{array}{l}\text{V}\\\text{N}\\\text{A／Na}\end{array}\right\} ながら（も）$$

※Aのときは「も」を必ずつけましょう！

本文▶25行目

「子どもながら見あげた心がけじゃ。ほうびをとらせよう」

1．（描写する）
鶴見：田坂さん、新しいアパートはどうですか？
田坂：ええ、（　　　　　　　　　　）ながらも住みやすいですよ。

2．（依頼する・促す）▶（メールで）
みなさん、来週の京都旅行は楽しみですね。ところで、申し込みをしながら、（　　　　　　　　　　）人がいます。今週中に必ず払ってください。

3．（悲嘆する・うわさする・非難する）
三原：堤君は勉強しないねぇ。
堀川：本当ですね。いい頭を（　　　　　　　　　　　　）。

▶聞く

Disc 1 Tr ▶ 34–40

1	そこで		1.	ⓐ	ⓑ	ⓒ
2	Nずつ		1.	ⓐ	ⓑ	ⓒ
			2.	ⓐ	ⓑ	ⓒ
3	V / N / A／Na 〉なんて		1.	ⓐ	ⓑ	ⓒ
				ⓐ	ⓑ	ⓒ
				ⓐ	ⓑ	ⓒ
			2.	ⓐ	ⓑ	ⓒ
4	それでも		1.	ⓐ	ⓑ	ⓒ
			2.	ⓐ	ⓑ	ⓒ
				ⓐ	ⓑ	ⓒ

第3課

▶話す

1 Nずつ

1．（プレゼントする）
あなたはハワイへ旅行に行き、クラスのみんなにおみやげを買ってきました。チョコレートなのですが、30個あります。クラスには10人の学生がいます。なんと言いますか？
クラスメート：わぁ、チョコレートだね！　ありがとう。
あなた：(　　　　　　　　　　　　　　　　　　　　　)。

2．（連絡する）
コンパの幹事のあなた。楽しい会ももう終わりです。そろそろお金を払いましょう。参加者は6人、全部で24,000円でした。
あなた：(　　　　　　　　　　　　　　　　　　　　　)。

2 V / N / A・Na } なんて

1．（話す［エピソード］）
最近、あなたが体験した「信じられないこと」はなんですか？

2．（話す［エピソード］）
最近、ラッキー！　と思ったことを話してください。

3

V
A／Na ｝ものだ

1．（うわさする・描写する）
友達のケナード君は絵もうまくて、ギターも歌もすばらしいです。そのことを、シュルティさんに教えてあげてください。
シュルティ：ケナードさんってそんなに何でもできるの？
あなた：(　　　　　　　　　　　　　　　　　　　　　　　)。
シュルティ：へえ、(　　　　　　　　　　　　　　　　　　)！

2．（うわさする）
あなたの会社の社長は、巨額の赤字を出したのに、経営責任をとろうとしません。同じ会社の水野さんとうわさしてください。
水野：社長は、責任をとらないつもりかしらね。
あなた：(　　　　　　　　　　　　　　　　　　　　　　　)。

4

それでも

1．（説得する）
たばこを全然やめようとしないあなたの恋人。たばこの悪いところをたくさん言って、やめるように説得してください。
恋人：いったいたばこの何が悪いんだ？
あなた：(　　　　　　　　　　　　　　　　　　　　　　　)。

▶タスク

1　ロールプレイング

1．（話す［ストーリー］）
あなたの国のむかしばなしを、みんなに教えてあげてください。

2．（話す［エピソード］）
あなたが「図々しい」と思う人はどんな人ですか。エピソードを入れて話してください。

▶書く

1．
「むかしばなし」は、人間にとって必要ですか？　どうして必要／必要ではないですか？　書きなさい。

2．
「文学」は社会にとってどのように役に立つと思いますか？　書きなさい。

第4課

● テーマ
ゲーム依存症（上）

この課の内容

トピック：ゲーム、依存症、子ども
関連分野：社会学、心理学、教育学
文法項目：〜との〜、〜は〜に比べて
　聞く：学生と先生の会話、親子の会話、友達同士の会話
　話す：伝言する、部屋を探す、面接を受ける
　書く：新聞記事を読んでコメントを書く

ウォームアップ

1.「ゲーム」という言葉から、どんなことを連想しますか。
2.「ネトゲ」という言葉を聞いたことがありますか。何のことでしょうか。
3.「ゲーム」で遊ぶことによるメリット／デメリットとして、どんなことがありますか。
4.「〜依存症」には、「ゲーム依存症」の他に、どんなものがあるでしょうか。

ここでの主な言葉

これだけは覚えよう

語彙

- □ すっかり
- □ 〜が定着(ていちゃく)する
- □ 見方(みかた)
- □ 〜に依存(いぞん)する
- □ 〜に関(かか)わる
- □ 〜に共感(きょうかん)する
- □ 〜にはまる
- □ 〜を探(さぐ)る
- □ 〜を務(つと)める（努める、勤める、との違(ちが)い：　　　）
- □ 〜を訪問(ほうもん)する
- □ 〜を指導(しどう)する
- □ アドバイザー
- □ 〜と協力(きょうりょく)する
- □ 〜を利用(りよう)する
- □ 状況(じょうきょう)
- □ 背景(はいけい)
- □ 保護者(ほごしゃ)
- □ 〜にアンケートする
- □ 報道(ほうどう)
- □ きっかけ
- □ 〜に復讐(ふくしゅう)する
- □ 人の輪(ひとのわ)（に入(はい)る）
- □ 割合(わりあい)（が高(たか)い／低(ひく)い）
- □ 傾向(けいこう)（がある、強(つよ)い／弱(よわ)い）
- □ 〜が目立(めだ)つ

- □ 〜に共通(きょうつう)して
- □ 〜を／と指摘(してき)する
- □ 一方的(いっぽうてき)に
- □ 〜を責(せ)める
- □ 〜を満(み)たす
- □ 現状(げんじょう)

文法

- □ V ⎫
  　N1 ⎬ とのN2
  　A ⎪
  　Naだ ⎭
- □ N1はN2に比(くら)べて

便利な表現

語彙

- □ 当〜
- □ 〜N1〜そのN2
- □ 〜込む
- □ Vほど

▶読む

出典：小泉正美●「ゲームと子ども：／上　依存の陰に空虚感」（2007年11月20日掲載）毎日新聞

□ 功罪（こうざい）

　子どもの遊びとしてすっかり定着したテレビゲーム。その功罪はいろいろな見方があるが、うちの子が"ゲーム依存"にならないか、やりすぎを心配する親は多い。ゲームにどうかかわればよいか、家族で考えてみたい。

低い共感力

　ゲームにはまる子どもたちの心を探った調査結果がある。

□ 法務教官
〜にのめりこむ
〜を殺傷する
問い
率（が高い／低い）
☞ p.77
☞ p.76

　少年院で長く法務教官を務め、現在、大阪府教育委員会の訪問指導アドバイザーの魚住絹代さん（京都府）は2年前、寝屋川市教育委員会などと協力。ゲームなどの利用状況とその背景を探るため、東京と長崎、大阪の中学生約2,100人と保護者約1,400人にアンケートした。

　当時、寝屋川市で教職員を殺傷（さっしょう）した17歳の少年がゲームにのめりこんでいたとの報道が調査のきっかけにもなった。

　調査では、「困った人がいたら助けるか」の問いに「助けない」と答える率が、4時間以上ゲームをする子は、あまりしない子に比べて3倍以上も高かった。

□ 注意散漫な
☞ p.78

　また、ゲーム時間が長くなるほど、「傷つけられたら復讐（ふくしゅう）したい」「人の輪に入っていくのが苦手」「毎日が楽しくない」と答える子の割合が高くなる傾向があり、注意散漫も目立った。

□ 空虚感（くうきょ）
〜を受け止める
☞ p.77

　魚住さんは「ゲームにはまり込む子どもたちに共通して見られるのは、心のさびしさや空虚（くうきょ）感」と指摘。「ゲームを一方的に責めるのではなく、親は子どもたちの心が満たされていない現状に気づき、受け止めることが大切だ」と話す。

便利な表現

1

●文脈の中で、「その時の」という意味を表します。

当～

本文▶12行目

当時、寝屋川市で教職員を殺傷した17歳の少年がゲームにのめりこんでいたとの報道が調査のきっかけにもなった。

例 当時、当初、当日

1．（描写する）
引っ越してきた当（　）は、この街がどうしても好きになれませんでした。（＝引っ越してきた最初の頃）

2．（うわさする）
浜田：…話を聞いていると、大変な男と付き合っていたのね。
陸：当（　）は、そんなにひどい人だとは気がつかなかったのよ。（＝付き合っていた頃は）

3．（雑談する）
後藤：来週コンサートだね。楽しみだなあ。前売り券買ったよ。もう買った？
和栗：いや、まだ買ってないんだ。行けるかどうか分からないから、当（　）券でもいいかなと思って。
後藤：1,000円も高いのに？

2

●「背景、結果、功罪、中、背後、おかげ…」のような名詞は「N1の」ということばがあってはじめて何を言っているのかが分かります。「その」を使って、前の文の中にあるものを「N1」として選んでいます。

〜 N1 〜その N2

本文▶10行目

ゲームなどの利用状況とその背景を探るため、東京と長崎、大阪の中学生約2,100人と保護者約1,400人にアンケートした。

■次の①〜③の文では、「その」はどこに入りますか。

① （頼む）
娘：もしもし、お母さん、今駅なんだけど、かばんを持ってくるの忘れちゃった。
母：あらそう。持っていこうか？
娘：いや、いいんだけど、中に財布が入ってるの。中に免許証があるかだけ見てくれる？

② （学部の案内で）
私たちが毎日使っている日本語にはどんな特徴があるのか、背後にある文化や社会とどんな関係があるのか、一緒に考えてみませんか？

③ （メールで）
イェレナ、久しぶりです。最近僕はスポーツクラブに通っていて、おかげで、ずいぶんウエストが引きしまってきました。

3

●「〜込む」は、「深く／とてもVする」という意味があります。

〜込む

本文▶20行目

魚住さんは「ゲームにはまり込む子どもたちに共通して見られるのは、心のさびしさや空虚感」と指摘。

例　落ち込む、突っ込む、打ち込む、
　　沈み込む、立て込む、取り込む

4

Vほど

●「〜ほど」は「〜すればするほど」と同じ。

本文▶17行目

また、ゲーム時間が長くなるほど、「傷つけられたら復讐したい」「人の輪に入っていくのが苦手」「毎日が楽しくない」と答える子の割合が高くなる傾向があり、注意散漫も目立った。

1．（批判する・自慢する）

パトリシア：またカードを作ったんですか、先生…。
堤：このカードはすごいんだよ。使うほど、（　　　　　　　　　）。そのポイントを商品券に変えて使えるんだよ。
パトリシア：でも、これで10枚目でしょう？　落として他の人に使われたら危ないですよ。

内容理解

① 魚住氏による調査について、その調査目的は何ですか。
② 魚住氏の調査結果において、ゲーム時間と相関関係にあるのはどんなことですか。

▶文法

1

●「〜との…」は多くの場合、誰かから聞いた「〜」を相手の人に伝えるときに使います。「連絡、知らせ」などのことばが多く使われます。

V
N1
A
Naだ
} とのN2

本文▶12行目

当時、寝屋川市で教職員を殺傷した17歳の少年がゲームにのめりこんでいたとの報道が調査のきっかけにもなった。

1．（伝言する）
秘書：社長、ただいま光内商事の岸田さんからお電話で、（　　　　　）との連絡がありました。
社長：あ、そう。ありがとう。

2．（伝言する）▶（メールで）
李安様　メールをありがとう。黒田物産に就職したいということ、分かりました。推薦状も書きます。なお、黒田社長に連絡しましたが、是非（　　　　　）とのことでしたので、まず履歴書を送ってください。

3．（説明する［社会の状況］）
現在、日本の消費税率は8％であるが、（　　　　　　　　）との見込みが強くなってきている。

4．（描写する）
来年度から、学部留学生の授業料減免について、（　　　　　）との決定がなされ、留学生の間で大きな問題になっている。

2

N1はN2に比べて

●「N1は、N2よりも」と同じ意味です。

> 本文▶14行目
>
> 調査では、「困った人がいたら助けるか」の問いに「助けない」と答える率が、4時間以上ゲームをする子は、あまりしない子に比べて3倍以上も高かった。

1．（うわさする）
玉谷：王さんっていい家に住んでるよね〜。中国の人ってみんな金持ちなのかな。
張：あの人は、他の留学生に比べて、（　　　　　　　　　　）。家がお金持ちなんでしょう。

2．（描写する）
地球の温度は30年前に比べて（　　　　　　　　　　　　）。

3．（比べる）
日本人は、他の民族に比べて（　　　　　　　　　　　）と言われることが多い。

4．（比べる）
（　　　　　　　）は（　　　　　　　　　）に比べて割高だ。

▶聞く

Disc 1 Tr ▶ 41–44

1 V
   N1 ┐
   A ├ とのN2
   Naだ ┘

1. ⓐ ⓑ ⓒ
   ⓐ ⓑ ⓒ
   ⓐ ⓑ ⓒ
2. ⓐ ⓑ ⓒ
   ⓐ ⓑ ⓒ
   ⓐ ⓑ ⓒ

2 **N1はN2に比べて**

1. ⓐ ⓑ ⓒ
2. ⓐ ⓑ ⓒ
   ⓐ ⓑ ⓒ

第4課

▶話す

1

$$\left.\begin{array}{l}\text{V}\\ \text{N1}\\ \text{A}\\ \text{Naだ}\end{array}\right\} とのN2$$

1．（伝言する）
友達の胡君から、電話がかかってきて次のようなことを言われました。先生に伝えてください。
胡：あ、もしもし？　あのね、今からちょっと病院に行かなければいけないから、先生に言っておいて。
あなた：先生、（　　　　　　　　　　　　　　　　　　）。

2．（確認する）▶（学生課の掲示板で）
〈「短期アルバイト（書類仕分け）10名急募！　詳細は、学生課まで」との文言を見て、学生課のカウンターへ行く〉
学生：すみません。そこの掲示板で見たんですが、（　　　　　　　　）とのことだったんですが、まだいけますか？
職員：はい、だいじょうぶですよ。

▶タスク

1 ロールプレイング

1.（部屋を探す）
A：あなたは新しい部屋を探しています。不動産屋さんに電話して、色々と条件を言ってください。
B：あなたは不動産屋さんで部屋を紹介するアルバイトをしています。お客さんの条件を聞いていい部屋を紹介してください。

▶書く

p. 75の新聞記事を読んで、その感想をブログやSNSで友達に伝えたいと思っています。この記事の内容をまとめてください。

第5課

●テーマ
ゲーム依存症（下）

この課の内容

トピック：ゲーム、依存症、子ども
関連分野：社会学、心理学、教育学
文法項目：〜ている、〜とは言えない／言い切れない、〜ように、〜によると
　聞く：学生と先生の会話、電車の車内放送、親子の会話、ショップで、友達同士の会話、ニュース
　話す：アドバイスする、主張する、抱負を言う、報告する、確かめる、反論する
　書く：記事を読んで、感想をブログに書く

ウォームアップ

1．この課では新聞を読みます。日本語で新聞を読んだことがありますか？
2．日本語の新聞はたて書きです。たて書きは読みやすいですか？　読みにくいですか？
3．日本語の新聞も横書きにした方がいいという意見があります。どう思いますか？
4．ブログは日記のようなものなので、人に見せる意味が分からないという人がいます。この意見についてどう思いますか？

ここでの主な言葉

これだけは覚えよう

語彙

- □ 〜と〜とのかかわり
- □ 指標(しひょう)
- □ 〜を比較(ひかく)する
- □ ポケモン
- □ キャラクター
- □ 〜が登場(とうじょう)する
- □ 現実的(げんじつてき)な／非現実的(ひげんじつてき)な
- □ 〜を刺(さ)す
- □ 攻撃的(こうげきてき)な
- □ 破壊的(はかいてき)な
- □ なかでも
- □ ブーム＝（漢語(かんご)：　　　　）
- □ 〜年代半(ねんだいなか)ば（初頭(しょとう)、終盤(しゅうばん)）
- □ 以降(いこう)（以前(いぜん)）
- □ 印象(いんしょう)（を抱(いだ)く／持(も)つ）
- □ 〜に〜を費(つい)やす
- □ 〜を管理(かんり)する
- □ 自己管理(じこかんり)
- □ 〜が気(き)になる
  （「〜を気(き)にする」との違(ちが)い：　　　　）
- □ 工夫(くふう)する
- □ 平均(へいきん)
- □ 欧米諸国(おうべいしょこく)

文法

- □ V ている
- □ 〜とは言(い)えない／言(い)い切(き)れない
- □ V ように
- □ N によると

便利な表現

語彙

- □ 〜以上（以下、未満）、〜を上回る／下回る、〜に満たない
- □ 〜、それだけ〜

読む

出典：小泉正美◉「ゲームと子ども：／上　依存の陰に空虚感」（2007年11月20日掲載）毎日新聞

ゲームと子ども　■上■

毎日新聞　くらしナビ　生活 Lifestyle
kurashi@mbx.mainichi.co.jp

依存の陰に空虚感

やりすぎは人間関係に支障

親が心受け止め、話し合って

子どもの遊びとしてすっかり定着したテレビゲーム。その功罪はいろいろな見方があるが、うちの子が"ゲーム依存"にならないか、やりすぎを心配する親は多い。ゲームにどうかかわればよいか、家族で考えてみたい。【小島正美、写真も】

■低い共感力

ゲームにはまる子どもたちの心を探った調査がある。

少年院で長く法務教官を務め、現在、大阪府教育委員会の訪問指導アドバイザーの魚住絹代さん（京都府）は2年前、寝屋川市教育委員会などと協力し、東京と長崎、大阪の中学生約2100人と保護者約1400人にアンケートした。

当時、寝屋川市で教職員を殺傷した17歳の少年がゲームにのめりこんでいたとの報道もあり、その背景を探るため、調査のきっかけにもなった。

調査では、「困った人がいたら助けるか」の問いに、「助けない」と答える率が、4時間以上ゲームをする子は、あまりしない子に比べて3倍以上も高かった。また、ゲーム時間が長くなるほど、「傷つけられたら復讐したい」「人の輪に入っていくのが苦手」「毎日が楽しくない」と答える子の割合が高くなる傾向があり、注意散漫な目立った。

魚住さんは「ゲームにはまり込む子どもたちに共通して見られるのは、心のさびしさや空虚感」と指摘。「ゲームを一方的に責めるのではなく、親は子どもたちの心が満たされていない現状に気づき、受け止めることが大切だ」と話す。

■非現実的な絵

子どもたちの描く絵と、ゲームのかかわりを探る研究者もいる。

臨床心理士の三沢直子・元明治大学教授は、子どもの心の変化を知る指標として、「家と木と人」を入れた絵を描かせるテストを行っている。

81年に長野県の小学生238人、97～99年に東京の小学生550人の絵を比較、その後も東京の中学生や幼稚園児などの絵を調べている。その結果、97～99年の絵は81年に比べ、4年生以上の高学年になっても写実的にまとめる能力が伸びず、非現実的な傾向の強い絵が目立った。同時に行ったゲーム時間などのアンケートで、ゲーム時間が長いほど、ポケモンや宇宙人などゲームやテレビに出てくるキャラクターが登場するなど、非現実的な内容ばかりの絵だった。

三沢さんは、ゲームがブームになり始めた80年代後半以降に生まれた子どもたちの心が、現実的な傾向が強かったとの印象を抱く。「ゲーム自体が悪いとは言えないが、攻撃的で破壊的な絵も見過ぎて、それだけ人間関係が希薄になったり、現実感覚が育たなくなることが問題だ」と話す。

■自己管理を

親としては、子どもがゲームに依存していないかどうか気になる。専門家の挙げる項目を目安にする。

京都医療少年院などで多くの子どもたちに接し、ゲームの問題点などを研究している精神科医の岡田尊司さんは「ゲームをやるなら、親子で話し合ってゲーム時間を決め、子どもたちの自己管理能力を高めるように工夫しながら、やらせたい」と親子でかかわることの大切さを訴えている。

男子で平日68分
警察庁調査

警察庁が昨年12月、公表した調査結果によると、継続的にゲームをやっている子どもの割合は、3～9歳で男子約60％、女子約49％▽10～14歳で男子約85％、女子約67％▽15～19歳で男子約77％、女子約24％だった。3～14歳の平均ゲーム時間は平日で男子68分、女子約28分▽休日で男子約93分、女子約55分だった。

10代のゲーム依存症の割合は欧米諸国で1～2割との報告がある。魚住さんの調査では約7％だった。

ゲーム依存の主なチェック項目
（該当項目が多いほど依存傾向が強い）
1. 夜遅くまでやるなど生活のリズムが乱れる
2. 時間を決めても、きちんと守れない
3. 学校のことがおろそかになる
4. ゲームをしないとイライラする
5. 家族や友達よりゲームを優先する
6. 他のことに興味がわかず、学校の成績が下がる
7. 親がやめさせようとするとカッとなる
8. 親に隠れてでもゲームをやる
9. 現実の生活よりも、ゲームの世界の方が好きだ
10. ゲームのやりすぎで体調が不良になる

※岡田尊司さん、魚住絹代さんの話を基に作成

毎日の生活が楽しくない / **傷つけられたら復讐したい**
一日平均のゲーム時間
魚住さん作成の「メディアの利用状況と認知などへの影響に関する調査報告書」から

子どもたちに人気のゲーム。親子でルールを決めてやりたい

～を描く	項目	～を高める（～を低める）
臨床心理士	～を目安にする	～を訴える
描画	手	～を公表する
～を混合する	～に接する	継続的に

入試問題対策

1. p.87の1段目「ゲームにはまる」とはどういう意味か。
2. p.87の6段目「専門家の挙げる項目を目安にするのも手だ」とあるが、この「手」とはどういう意味か。

便利な表現

1 ～以上（以下、未満）、～を上回る／下回る、～に満たない

本文▶4段12行目

4年生以上の高学年になっても写実的にまとめる能力が伸びず、非現実的な傾向の強い絵が目立った。

●～以上／以下：～を含んでそれよりも上／下。
～未満：～を含まないで、それよりも下。
～を上回る／下回る：～よりも上だ／下だ。

1．（知らせる）▶（案内文で）
5歳未満のお子様の料金は大人料金の半額です。

2．（言う［条件］）
平井：新年会の店を探してるんだけど、どっかいいとこないかな。
田村：うーん、どんなところがいいの？
平井：駅に近くて、15人くらい入れて、あと予算が（　　　　　）のところかな。

3．（言う［状況］）
今年の合格者は定員を4名上回った。

2

～、それだけ～

●「～、それだけ…」は「～」の程度にともなって、「…」の程度が変化するという意味です。

> 本文▶6段3行目
>
> 「…ゲームに費やす時間が長過ぎると、それだけ人間関係が希薄になったり、現実感覚が育たなくなることが問題だ」

■次の①、②の文で「それだけ」はどこに入りますか。

1．（説得する・反論する）
前野：どうしてそんなに安いプレゼントを買うの？
辛：だって、お金がないんだもん。彼だって、分かってくれるよ。
前野：あのね、プレゼントが高いと、あなたの愛も伝わるものなのよ。
辛：それは違うと思うけど…。

2．（描写する・言う［意見］）
朝起きて、夜寝る。そうすれば電気代の節約になります。明るいうちに太陽の光を使って生活をする。夜型の人は、明るい間寝て、夜に電気を使いますが、環境を破壊しているのです。

内容理解

1. 三沢氏による調査について、その調査目的は何ですか。
2. 三沢氏の調査結果において、ゲーム時間と相関関係にあるのはどんなことですか。
3. 警察庁による調査の結果について、性別、年代別の傾向をまとめてください。

▶文法

1

Vている

●過去に起こった／行った出来事が、今、何かの影響を持っているという意味です。

> 本文▶3段20行目
>
> 臨床心理士の三沢直子・元明治大学教授は、子どもの心の変化を知る指標として、「家と木と人」を入れた絵を描かせるテストを行っている。

1．（報告する）
宮崎先生：金さんに連絡はつきましたか？
謝：いえ。でも、3日前にメールを送っていますから、
（　　　　　　　）と思います。

2．（言う［状況］）
先生：みんなそろいましたか。じゃあ、そろそろ試験を始めましょう。
学生：先生！　文さんがまだ（　　　　　　　　　　）。

3．（断る）
千：今週の金曜日、ひさしぶりにみんなで飲みに行かない？
尾崎：ごめん、金曜は、予定が（　　　　　　　　　　）

4．（言う［状況］）
吉野：来週のゼミ、休講になったって聞いてる？
瀬川：ううん、（　　　　　　　　　　）。
吉野：さっき先生からメールがあって、ゼミのみんなに連絡しといてってことだったから。
瀬川：OK。ありがとう。誰か見たら、また伝えとくよ。

2 〜とは言えない／言い切れない

●「〜とは言えない／言い切れない」は、「〜」ではありません、という意味です。たとえば「おいしいとは言えない」は、「まずくはないけれど、では、おいしいかと言うと、そうではない」、「安いとは言い切れない」は、「安くはないけれど、高いとも思わない」というような意味になります。

本文▶6段2行目

「ゲーム自体が悪いとは言えないが、ゲームに費やす時間が長過ぎると、それだけ人間関係が希薄になったり、現実感覚が育たなくなることが問題だ」

1．（評価する）▶（インターネットでの書きこみで）
3月3日に泊まりました。値段はとても高かったのに、部屋は（　　　　　　　）とは言えないと思います。

2．（言う［状況］）
草加：ねえ、新しい彼女とはうまくいってるの？
山内：うーん。まだ別れてはいないけれど、（　　　　　　　　　　　）。

3．（誘う・描写する・説得する）
馬：堀口さん、馬に乗りましょうよ。馬はいいですよ。
堀口：危ないでしょう？
馬：いいえいいえ。全然。安全ですよ。生き物ですから、全く（　　　　　　　　　　　）けど、98％は大丈夫です。

4．（描写する）
三井：新しい会社はどう？　もう慣れた？
伊藤：そうだね。入ってまだ3ヶ月だから、（　　　　　　　）とは言えないけど、なかなかいい雰囲気の職場だと思うよ。

5．（言う［状況］）
文：こないだ、教室で友達どうしがけんかを始めちゃってね。
東野：へえ、めずらしいね。
文：どっちもおたがいに、相手が先に手を出したって言ってたんだけど、
（　　　　　　　　　　　　　　　　　　　　　　　　　）。
東野：ふうん。つまり、喧嘩両成敗ってことだね。

3

Vように

> 本文▶6段22行目
>
> 「ゲームをやるなら、親子で話し合ってゲーム時間を決め、子どもたちの自己管理能力を高めるように工夫しながら、やらせたい」

●「～ように…」は、「～」という目的があって、それが実現するために、「…」をするという意味です。「～」は普通は、非意志的な動作や状態を表す表現が入ることが多いです。
「～」が意志動詞で、「～」と「…」の主語が同じ場合は「ために」を使います。
例「明日早く起きるために～（×明日早く起きるように～）、9時に寝ます」「明日早く起きられるように、9時に寝ます」（可能は状態を表します）
非意志的な動詞とは「（モノ・コト）がVする／Vなる」となる動詞のことです。たとえば、「消える、こわれる、（風が）吹く」などです。

1．（診断する）▶（病院で）
先生：熱がかなり高いですね。インフルエンザですね。
患者：どうしたらいいですか。
先生：ゆっくり休むしかありません。（　　　　　　　　　　）ように、この薬を飲んでください。

2．（注意する）
先生：はい、今年の授業はこれで終わりです。休みが長いですが、少しでも日本語が（　　　　　　　　　　　）、よく勉強してください。

3．（描写する）
最近の携帯電話には、様々なセキュリティ機能がついている。たとえば、携帯を落とした時に（　　　　　　　　　　）ように（　　　　　　　）ことができる。

4．（話す［就職］）
風間：去年大学に入学したばっかりなのに、もう就活のこと、考えないといけないんだね。
山野：就活に向けて、ふだんから何かしてる？
風間：うん。たいしたことじゃないけど、（　　　　　　　　　　）ように（　　　　　　　　　　　　　　　）。
山野：へえ、すごいね。

4 Nによると

●「Nによると」は、自分が聞いたこと、聞いて知っていることについて、どのようにして知ったか（誰に／どこで）聞いたか、を言うときに使います。

> 本文▶左側1段1行目
>
> 「警察庁が昨年12月、公表した調査結果によると、継続的にゲームをやっている子どもたちの割合は、…」

1．（うわさする）

松田：（　　　　　）によると、山本さんと黄さん、結婚するらしいね。
陳：うそ！　全然知らなかった。付き合っていることも知らなかった。

2．（コメントする）▶（ニュース番組で）

アナウンサー：（　　　　　　　　　　　）によると、今度の知事選挙は、無党派層の動きがカギになるようですね。
コメンテーター：そうですね。県民の民意というものをより一層意識した選挙になるでしょう。

3．（確かめる）

部長：ああ、わざわざ呼び出してすまないね。
社員：いえ。ご用件は、なんでしょうか。
部長：いや、ちょっと気になることがあってね。（　　　　　　　　）によると、最近（　　　　　　　　　　　）らしいけど、本当かどうか直接きみに尋ねようと思ってね。
社員：ああ、そのことなら、ご心配は無用です。事実無根の単なるうわさです。

4．（確かめる）

奥野：うわさによると、（　　　　　　　　　　　　　）って？
西川：え？　誰に聞いたの、そんなこと？
奥野：誰に、って、もうみんな知ってるよ。

▶聞く

Disc 1 Tr ▶ 45-46

1	V ている	1. ⓐ ⓑ ⓒ
		2. ⓐ ⓑ ⓒ
		ⓐ ⓑ ⓒ

▶話す

1　〜とは言えない／言い切れない

⊙お世辞にも〜とは言えない：「全く〜はない→〜とは反対だ」

1．（アドバイスする）
友達が、まずくて有名な店に行こうとしています。教えてあげてください。
友達：これから○×カフェに行くんだ。行かない？
あなた：やめときなって。あそこはお世辞にも（　　　　　　　）。

2．（主張する）
あなたは飛行機がこわくて乗れません。そのことを友達に言ったところ…
友達：本当に乗れないの？　だいじょうぶだよ、飛行機なんてめったに落ちたりしないよ。
あなた：いや、（　　　　　　　　　　　　）！

94

2　Vように

1.（言う［抱負］）
今年の抱負を言ってください。何かをできるように、努力したいことがありますか？　友達と話し合ってください。

2.（報告する）
先生：最近、日本語の成績がぐんぐん伸びてきたね。作文もよく書けてるし。
あなた：（　　　　　　　　　　　　　　　　　　　）。

3　Nによると

⊙聞いたところによると：「うわさで聞きましたが」あるいは「誰かから聞いたんですけど」

1.（確かめる）
友達が結婚する、ということを、うわさで聞きました。本人に確かめてください。
あなた：聞いたところによると、（　　　　　　　　　　　　　）。

2.（反論する）
発表のレジュメについて、あなたが引用したデータに関して指摘されます。
先生：このデータの数値、ちょっとおかしいんじゃないかな？
あなた：そうですか。でも（　　　　　　　　　　　　　　）。

▶タスク

Disc 1　Tr▶47

1　次のニュースを聞きましょう。

1
- ⓐ　ⓑ　ⓒ
- ⓐ　ⓑ　ⓒ
- ⓐ　ⓑ　ⓒ

2 ロールプレイング

大学の面接に来ています。資格について色々聞かれます。答えてください。
①日本語能力試験1級は合格していますか？　いつですか？
②英語はどうですか？　TOEFLやTOEICなどはどれくらいの点数を取っていますか？　いつですか？
③うちの大学の学生に会いましたか？　いつ会いましたか？

▶書く

5課（p.87）の新聞記事を読んで、その感想をあなたのブログに書きたいです。この記事について、あなたの思うことを書いてください。

第6課

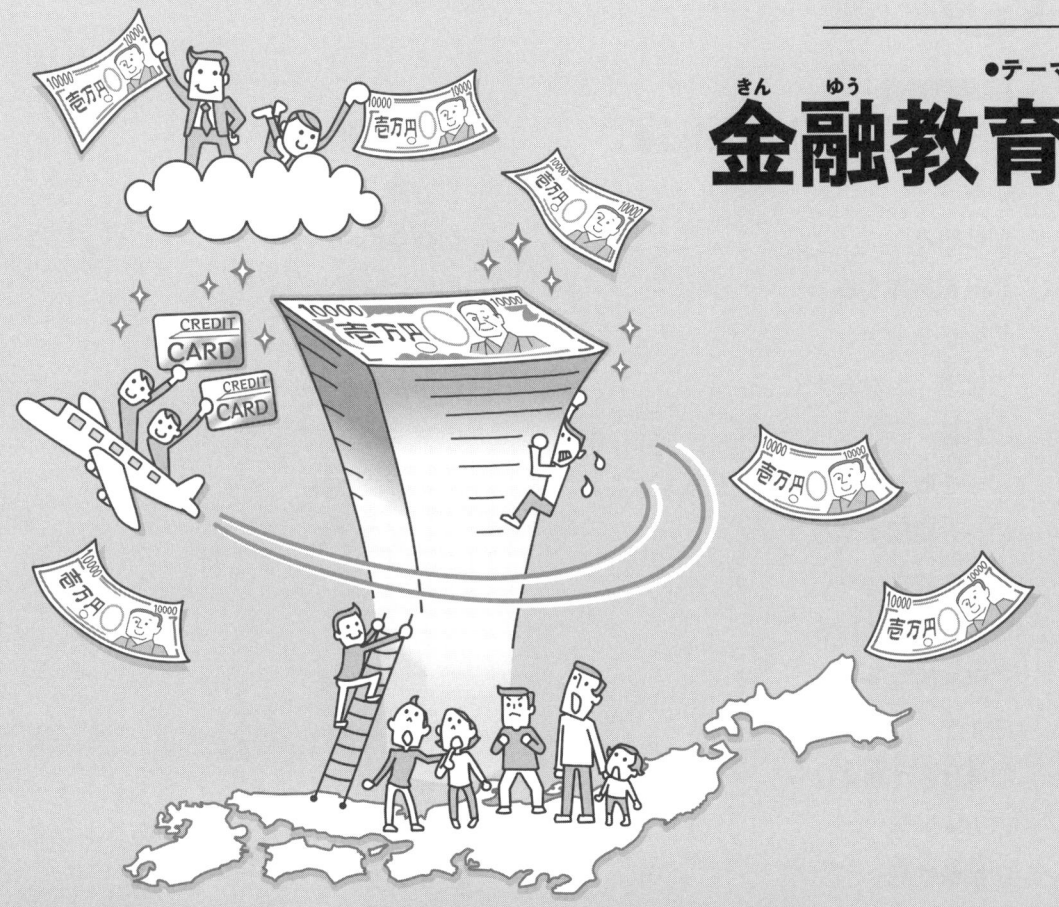

●テーマ
金融教育
きんゆう

この課の内容

トピック：お金と子ども
関連分野：金融教育、経営学、経済学
文法項目：〜る上で、〜（て）までして、〜る一方だ、〜た場合に、〜ならまだしも
　聞く：先生と生徒の会話、恋人同士の会話
　話す：エピソードを話す、コメントする
　書く：お金にまつわるトラブルについて、子どもへの金融教育に賛成？　反対？

ウォームアップ

1．日頃買い物をするときに、現金以外で支払うことがありますか。
2．「キャッシュレス」で買い物するのには、どんなカードがありますか。
3．お金に関係する詐欺事件（振り込め詐欺、等）には、どんな事例があるか、調べてみましょう。

ここでの主な言葉

これだけは覚えよう

語彙

- □民間企業（国営企業、公営企業）
- □経済
- □仕組み
- □〜を実施する
- □サラリーマン
- □英国（カタカナ：　　　）
- □科目
- □〜を取り入れる（＝〜を導入する）
- □〜を疑問視する
- □基本的な ⟷（　　）
- □〜を身につける
- □積極的な ⟷（　　）
- □1丁
- □今にして思えば〜
- □カード＝（　　）カード
- □携帯電話
- □キャッシュレス
- □急速に
- □〜が普及する
- □〜が薄れる
- □機会
- □蓄積
- □アンケート
- □〜を実践する
- □詐欺
- □架空の
- □〜に陥る
- □トラブル
- □〜から身を守る
- □ダメな
- □〜の二の舞
- □〜を避ける
- □環境
- □面
- □アプローチ
- □早道 ⟷（　　）
- □株
- □おいしい（＝メリットがあるような）
- □リスク
- □具体的な ⟷（　　）
- □背景
- □汚い
- □〜を敬遠する
- □知らん顔
- □傾向
- □不可欠な

□ 貯蓄(ちょちく)
□ 〜をめぐる
□ 〜が成(な)り立(た)つ（漢語(かんご)：　　　）
□ 収入(しゅうにゅう) ⇔（　　　）
□ かつて
□ 〜を支給(しきゅう)する
□ 試行錯誤(しこうさくご)（する）
□ 顧客(こきゃく)
□ 〜を獲得(かくとく)する

文法
□ Vる上(うえ)で
□ Vて ／ N ｝までして〜
□ Vる一方(いっぽう)だ
□ Vた場合(ばあい)に〜
□ V ／ N ｝ならまだしも

便利な表現

語彙
□ 何らかのN
□ 〜という（ことだ）
□ 〜編
□ Nそのもの
□ １〜あたり

第6課

▶読む

出典：中村秀明、松本杏●「子供への金融教育」（アンと部長のなるほどネ！経済　2008年1月21日掲載）毎日新聞

📖 金融教育
中等学校
～が根強い
💡 ☞ p.102

　民間企業の調査によると、子どもに経済の仕組みやお金の大切さなどについて教える「金融教育」を実施しているサラリーマン家庭は約3割にすぎないようだ。一方、英国では9月から全国の中等学校（11～16歳）が何らかの形で金融教育の科目を取り入れるという。日本では疑問視する空気も根強いが、生きるうえでの基本的知識を身につけるとの積極的な考えもある。金融教育について考えてみた。

子どもへの金融教育
リスク知ること大事
まだ試行錯誤の面も

📖 物差し＝物事の価値を判断する基準

杏：親に教わった覚えはないけど、「これを買うには、（実家の豆腐店で）1丁○○円の豆腐を○個売らなくては」という物差しができ、「そうまでして欲しいか、そんな価値があるか」と自然と考えるようになっていました。今にして思えば金融教育ですね。

部長：現金が生活の中で大きな顔をしていた時代は、日々の暮らしに金融教育の機会がたくさんあったと言える。しかし、給料が銀行振り込みになり、公共料金は口座振替に、カードや携帯電話でも買い物ができる「キャッシュレス」が急速に普及して、そういう機会は薄れる一方になっている。

杏：金融教育に力を入れている金融広報中央委員会は、だからこそ、「金のなる木はない、と子どもに教えることが大事だ」と言います。一方で、「親に蓄積がないから、教えられないのでは」とも心配していますね。民間企業のアンケートでも金融教育について83.5％が「必要」と答えているのに、「実践している」は31.8％でした。

📖 もうけ話
～につけ込む

部長：詐欺的な商法や架空のもうけ話につけ込まれたり、多重債務に陥ってしまう大人が大勢いることを思うと、「必要だけど、教えられない」のかもしれない。そんなトラブルから身を守り、生きる力を身につける

ために、ダメな大人の二の舞を避けるためにも、子どもへの金融教育は必要なのだろう。環境問題も似たような面があるけど、大人の考えを変えるには子どもからアプローチするのが早道かもしれない。

延長上に
金利
〜を戒める

杏：お金や物の価値を教える延長上に、実践編や応用編として金利や株について教えるのは賛成です。「おいしい話はない」「危うきに近寄らず」と戒めるだけでなく、"おいしそうな話"が近づいてきた場合に、どんなリスクがあるのか具体的に知っていた方がいいと思うからです。

〜を保持する
国家戦略
〜にまつわる
投資
下世話な

部長：英国の場合も、多重債務者の増加が背景にあり、さらに「金融大国」としての力を保持したい国家戦略があるようだ。
日本では、金にまつわる話を「汚い」と言ったり、投資を「下世話」「危ない」と敬遠したり、あるいは経済や金融を「わからない」と知らん顔する傾向が強い。だけど、お金は生活するための不可欠な道具であり、投資や貯蓄によって、お金が世の中をめぐって多くの人の生活が成り立っている。そういう状況が経済そのものなんだけどね。

☞p.103

〜に思い至る
証券会社

杏：お金について知ろうとすれば、収入をどう得るか、どう増やすか、働く意味や経済の仕組みなどにも思い至るはずです。
ただ、疑問なのは証券会社など金融関係の企業が熱心なことです。そこに何か商売っ気を感じるのですが。

株取引
〜を実体験する
うさん臭い
〜をかぎわける

☞p.104

部長：ある証券会社がかつて、小中学生に1人当たり10万円を支給し、株取引を実体験してもらったことがあった。大学生ならまだしも、小中学生はどうか。「教育」とは呼べないだろうね。
「金融教育」という考えが日本で生まれてから、まだ4、5年しかたっておらず、試行錯誤の面もある。教育に名を借りた将来の顧客獲得のようなうさん臭さをかぎわけるにも、教育は必要かもしれない。

入試問題対策

1. 2〜3行目「約3割にすぎないようだ」の意味を次から選びなさい。
   ①3割もいる　②3割しかいない　③3割にも満たない
2. 18行目「現金が生活の中で大きな顔をしていた」とはどういうことか。「大きな顔をする」というのがどういう意味か明らかにしながら、説明しなさい。
3. 56行目「大学生ならまだしも」の「まだしも」を作って例文を作りなさい。

便利な表現

1

●「何か」という意味の書きことば。フォーマルな会話にも出てきます。

⊙御一報ください…「連絡をお願いします」という意味の丁寧な書きことば。

何らかのN

本文▶3行目

一方、英国では9月から全国の中等学校（11〜16歳）が何らかの形で金融教育の科目を取り入れるという。

１．（述べる［環境］）
地球温暖化に対しては、何らかの対策をしないと10年後には大変なことになる。

２．（言う［状況］）
ご注文ありがとうございます。注文いただいた商品は2〜3日でお客様のところに届きます。もし届かない場合には、何らかのミスやトラブルが考えられますので、申しわけありませんが、御一報ください。

2

●誰かから「〜」を聞いて、その情報を別の人に伝えます（伝聞）。新聞などでは「という」、テレビのニュースでは「ということです」が使われます。

〜という（ことだ）

本文▶3行目

一方、英国では9月から全国の中等学校（11〜16歳）が何らかの形で金融教育の科目を取り入れるという。

１．（描写する［事故］）
事故の目撃者によると、車は事故の直前、かなりのスピードで走っていたという。

２．（言う［意見］）
大臣は、事件の報告を聞いても、まだゴルフを楽しんでいたというから呆れる。

3

●「…、～編」は、「…」の1つである「～」という意味です。本文では、「お金やものの価値を教える」の1つとして、「実践すること」や「応用すること」があるという意味です。

～編

本文▶36行目

お金や物の価値を教える延長上に、実践編や応用編として金利や株について教えるのは賛成です。

例
旅行案内、東北、北海道編！
「これで分かるウィンドウズ　中級編」
入門編、実践編、応用編

4

●「Nそのもの」で「他のものではなくN」を文の中で強調する表現です。本文では「そういう状況こそがまさしく経済だ」というような意味です。「N自体」に言い換えられる場合が多いです。

Nそのもの

本文▶48行目

そういう状況が経済そのものなんだけどね。

1．（説明する［事情］）
文学部では、ことばを使って勉強する他に、（　　　　　）そのものについての勉強もしています。

2．（アドバイスする）
木元：就活、大変。もうやめたいよ…。
吉柳：がんばろうよ。一生懸命がんばれば、やりたい仕事そのものはできなくても、それに近い仕事ができるよ。

5

●「〜あたり…」は、〜に…が与えられます。1人あたり10万円なら、一人一人に10万円、1部屋あたり6,000円なら1部屋ごとに6,000円という意味です。

1 〜あたり

本文▶55行目

ある証券会社がかつて、小中学生に1人当たり10万円を支給し、株取引を実体験してもらったことがあった。

1．（相談する）
水野：今度の旅行のホテルなんだけど、みんな同じ部屋に泊まるのでいいかな？
片桐：いいけど？　どうして？
水野：1人ずつ部屋をとると、1部屋あたり6,000円なんだけど、みんなで同じ部屋に泊まると、1人あたり2,000円ですむんだよ。
片桐：じゃ、みんな同じ部屋にしよう。

2．（説明する［理由］・指摘する［間違い］）
先生：試験を返します。100点満点で採点してあります。20問ありましたから、（　　　）あたり5点です。
生徒：先生、私の点数、間違っているみたいですが…

内容理解

1. 25行目「金のなる木はない」とは、どういう意味でしょうか。
2. 27行目、金融教育について、8割が必要と答えているのに、実践しているのは3割程度であるのは、なぜでしょうか。
3. 子供への金融教育が必要とされるようになった背景、およびその必要性をまとめてください。

▶文法

1

Ｖる上で

●「～のための／～するための」という意味です。「～のために、…が必要だ／重要だ」などのことばが後に使われることが多いです。書きことば的です。

本文▶4行目

日本では疑問視する空気も根強いが、生きるうえでの基本的知識を身につけるとの積極的な考えもある。

1．（指示する）
先生：来週の授業を（　　　　　　　）上で必要ですから、今から配る論文を事前に読んできてください。

2．（言う［意見］）
自分の国の文化や歴史を（　　　　　　　　　　　）上で、
（　　　　　　　　　　　　　　　　　　）は重要です。

2   V て / N } までして〜

●「…までして〜」で「〜」をするために「…」ということは普通はしないけれど、それをするほど「〜」が重要なことなのだ、ということを表します。1.の場合、バイキングに行くとき、普通、予約しませんよね？

> 本文▶14行目
>
> 「そうまでして欲しいか、そんな価値があるか」

1．（言う［意見］）

宮脇：あそこのホテルのバイキング、とってもおいしいそうだね。今度行こうよ。

陳：いいよ。私何回か行ったことがあるけど、たしかにおいしいよ。

宮脇：じゃあ予約しておくね。

陳：予約までして（　　　　　　　　　）。どうせバイキングなんだから、おいしいといってもあまり期待しすぎないでね。

2．（描写する）

ガビ：昨日、別れた彼女を10時間待ったよ。よりを戻したいんだ！

王：（　　　　　　　　　）なら、どうして別れたりなんかしたの？

3

Ｖる一方だ

●「〜一方だ」で、「〜」という悪い状況に、どんどんなっていって、よい方向にはならなさそうだ、ということを表します。

本文▶19行目

しかし、給料が銀行振り込みになり、公共料金は口座振替に、カードや携帯電話でも買い物ができる「キャッシュレス」が急速に普及して、そういう機会は薄れる一方になっている。

１．（言う［意見］）
地球温暖化は、今、世界中の人々が考えなければならない問題だ。このままだと、地球の温度は（　　　　　　　　　　）一方だろう。

２．（言う［状況］）
堤：最近どう？　忙しい？
久谷：忙しいよ。仕事をやってもやってもどんどん別の仕事が来るんだよ。ストレスが（　　　　　　　　　　　　　　　　　　）。
堤：息抜きをしなくちゃだめだよ。今度飲みに行こう！

4

Vた場合に～

● 「〜た時」と同じ意味です。これから特別な出来事が起きた時に…という意味です。

本文▶39行目

「おいしい話はない」「危うきに近寄らず」と戒めるだけでなく、"おいしそうな話"が近づいてきた場合に、どんなリスクがあるのか具体的に知っていた方がいいと思うからです。

1．（言う［条件］）

山田：明日は大事な会議がありますね。私は明日休みですが、部長、私は休んでも大丈夫ですか？

谷川：大丈夫だよ。君は休みなんだから、気にしないで。でも、（　　　　　　　　）場合には連絡するから、携帯電話を持っておいて。

2．（言う［条件］）▶（メールで）

ご予約をいただきありがとうございます。3月20日にお待ちしております。キャンセルの場合はなるべく早く電話でご連絡ください。連絡なく、（　　　　　　　　　　　　　　　　　　）、宿泊代を全額いただきます。

5

$\begin{matrix} V \\ N \end{matrix}$ ならまだしも

●「～ならまだしも、…」で「～」ならましなのですが、もっとひどい「…」もします、という意味です。

> 本文▶56行目
>
> 大学生ならまだしも、小中学生はどうか。「教育」とは呼べないだろうね。

1. (描写する・言う［意見］)

李：悔しい〜〜!! 浮気されたのよ。

西川：彼氏に？ 何か証拠があるの？

李：私、見たのよ。彼が他の男の人とキスしているの。女の人（　　　　　　　　　　）!!

西川：そうかぁ。男の人にとられたのはショックだね。しかも、手をつなぐだけならまだしも（　　　　　　　　　　）…。間違いなく、浮気だね。

2. (言う［状況］)

フランカ：先生、安藤さんは私の論文を盗んだんです。

先生：え？

フランカ：タイトルやテーマを盗むならまだしも、（　　　　　　　　　　）。

▶聞く

Disc 1 Tr ▶ 48

1 Vる上で

1. ⓐ ⓑ ⓒ ⓓ
　ⓐ ⓑ ⓒ ⓓ

▶話す

1 Vて / N ｝までして〜

1．（描写する）
発表の日に、授業をさぼって免許を取りに行った友達がいます。先生はカンカンに怒っているそうです。その友達が電話してきましたよ。
友達：先生、怒ってたよね…。
あなた：どうして、授業を（　　　　　　　　　　　　）？

2．（言う［意見］）
1．の友達は、反省して、先生の自宅に電話して謝ると言い出しました！その必要がありますか？
友達：先生に電話する。番号知ってる？
あなた：そこまで（　　　　　　　　　　　　）？

2　Vる一方だ

1．（忠告する）
恋人とけんかしたあなたの友達。もう2週間も連絡をしていないと言っています。早く連絡をしないと…。
友達：もうそろそろ、謝りの電話をしてくる頃だよ。
あなた：何を言ってるの！　早く自分から連絡しないと（
　　　　　　　　　　　　　　　　　　　　　　　　　　　）。

▶タスク

1　ロールプレイング

A：きのう、あなたが口座を持っている銀行の行員を名乗る人から電話がありました。しかし、話の内容から考えて、銀行からの電話ではなかったようなので、あなたは怪しいと思い、相手の質問には答えませんでした。友達にその話をしてください。
B：Aさんの話を聞いて、コメントしてください。

▶書く

1.
お金にまつわるトラブルを経験したことがありますか。どんなトラブルか説明して、そこからあなたが得た教訓をまとめてください。

2.
子供への金融教育の是非、必要性の有無について、あなたの見解を述べてください。

第7課

● テーマ

言語と文化

この課の内容

トピック：言語と文化
関連分野：言語学、文化人類学、異文化間コミュニケーション
文法項目：〜ようとする、ところが、〜にとって、〜だけでなく、〜というのは、〜なら、むしろ
　聞く：先生と学生の会話、友人との会話、ニュース、授業、説明、講義
　話す：反論する、交渉する、アドバイスする、具体的な事物を描写する
　書く：2つの言語を比較して書く

ウォームアップ

1．日本語にあって、あなたの言語にはない言葉がありますか？（おつかれさま、どうも、など…）
2．あなたの言語にあって、日本語にない言葉がありますか？
3．日本語で話しているとき、言葉をめぐってトラブルになったことがありますか？

ここでの主な言葉

これだけは覚えよう

語彙
- □ まず（次に、最後に）
- □ 礼儀
- □ ～を注ぐ
- □ 乾杯する
- □ 空 ⇔（　　　）
- □ 片づける ⇔（　　　）
- □ やってくる
- □ 一方、他方
- □ あふれる
- □ 積極的な ⇔（　　　）
- □ はっきりと
- □ 率直な
- □ 誠実な
- □ あいまいな
- □ 優柔不断な
- □ ずれる
- □ ～において（=～で）

文法
- □ Vようとする
- □ ところが
- □ Nにとって
- □ V / N / A／Na 〕だけで（は）なく
- □ Vる / N 〕というのは／というものは
- □ Vる / N / A／Na 〕なら
- □ むしろ

便利な表現

語彙
- □ しばらく
- □ 勝手に

▶読む

出典：影山太郎●『ケジメのない日本語』(2002) 岩波書店 (p.149–152)

　ある言語学者が次のようなエピソードを紹介している。

　日本人が、アメリカ人の友人と一緒にレストランに行った。料理に入る前に、まずビールを注文し、ウエートレスがびんビールを2本持ってきた。日本人は、「日本ではビールを相手に注いであげるのが礼儀です」と説明しながら、グラスにビールを注ぎ、二人は乾杯した。しばらく飲んでいると、ウエートレスが、空になったビンを片づけるために、やってきた。アメリカ人の前に置いてあったビンがほとんど空いていたので、ウエートレスはその残ったビールを日本人のグラスに注いで、ビンを持ち去ろうとした。それを見ていたアメリカ人は驚いて叫んだ。「ちょっと、それはボクのビールだよ！」

　このアメリカ人は、テーブルの上で、目の前に置かれたビールびんは自分のものだと理解したようだ。日本人なら、何本かのビールびんが1つのテーブルに置かれた場合、それはみんなのものであると考える。ところが、アメリカ人にとっては、自分の前に置かれたびんは自分の領域に所属してしまう。このアメリカ人は、目の前に置かれたビールびんに対して、自分のものであるという境界を勝手に作ってしまったわけで、そのため、その中のビールが他人のグラスに注がれると、「取られた」と感じたわけである。他方、日本人は、テーブルに置かれたビールびんにそのような境界を意識することはない。

　同じようなことは、日常生活の中にあふれている。日本は外国に対して「ノー」と言えない国だ、などと言われることがある。しかしながら、考えてみると、「ノー」と言えないだけでなく、積極的に「イエス」とも言えない国ではないだろうか。何事も、なんとなく、穏便に、成り行き任せで済ませてしまう。日本というのは、そういう文化ではないだろうか。訪問先で、「コーヒーにしますか、紅茶にしますか」と尋ねられたときでも、はっきりとどちらかを選ぶより、「どちらでも結構です」と答えることが多いだろう。それは、はっきり、どちらかに断定すると、相手に失礼になる、という思いがあるからだろう。アメリカ人なら、はっきりと好みを言うのが率直で誠実なのであり、あいまいな態度、優柔不断な態度は、好ましくない。

誠実さ（sincerity）という言葉は、日本語にも英語にも共通していて、どちらも良い響きの言葉であるが、その中身が日本語文化と英語文化では多少ズレている。英語文化では、自分の考えをストレートに伝えるのが誠実であり、自分をつつみ隠したり偽ったりするのは不誠実であると考えられている。会話において、話し手が話をし、聞き手はそれを聞くわけであるから、話し手は出発点、聞き手は到着点と見なすことができる。英語では、話し手は自分の考えをストレートに聞き手（つまり、会話における目標、目的地）に到達させるのが誠実なのである。他方、日本語文化では、自分を抑制するのが謙譲の美徳であり、自己を主張することは相手に失礼である。日本では、自分から進んで相手の気持ちの中に立ち入るより、むしろ、距離を置いて、相手の配慮に任せてしまうことが多い。日本人にとっては、相手の領域（つまり目的地）に直接踏み込まないことがていねいなのである。

　政治、社会、経済、スポーツなど日常生活のさまざまな面において、英語文化と日本語文化に違いがあることは確かである。そのような違いのいくつかは、本書で述べてきたような、言語表現におけるケジメの有無と、かなりの程度に相関するように見える。言語、思考、発想、文化、行動様式——これらはすべて、人間の営みという点で共通していて、互いにまったく無関係ではありえない。しかしそれらが、実際に、どのように繋がっているのか、どこまで相関しているのか、という興味深い問題を正確に解明するには、もう少し研究が必要である。

語句
- 〜をつつみ隠す
- 〜を偽る
- 〜と見なす
- 〜に到達する
- 〜を抑制する
- 謙譲（けんじょう）
- 美徳
- 〜に立ち入る
- 配慮（はいりょ）
- 〜と相関する
- 営み（いとな）み

入試問題対策

① 19行目「取られた」と感じるのは、なぜか答えなさい。

② 22行目「日本は外国に対して「ノー」と言えない国だ」とありますが、「「ノー」と言えない」とはどのような意味か答えなさい。

便利な表現

1

●少しのあいだ、という意味です。話している人が「長くないが、すぐではない」と思えば、使えます。

しばらく

本文▶6行目

しばらく飲んでいると、ウエートレスが、空になったビンを片づけるために、やってきた。

1.（接客する）
お客さん：すみません。部長の山田さんにお会いしたいんですが…。
店員：しばらくお待ち下さい。

2.（言う［状況］）
坪井：やぁ、谷君。久しぶり。しばらく見なかったけど、どうしてたの？
谷：二週間くらい中国に旅行に行ってたんだ。

2

●話している人が、自分だけで判断して、という意味です。

勝手に

本文▶17行目

このアメリカ人は、目の前に置かれたビールびんに対して、自分のものであるという境界を勝手に作ってしまったわけで、そのため、その中のビールが他人のグラスに注がれると、「取られた」と感じたわけである。

1.（謝る）▶（メールで）
シュルティ：先生、今日先生の研究室に伺う予定だったんですが、ちょっと行けなくなりました。すみません。明日お伺いします。勝手に（　　　　　　　　　　　　）申しわけありません。

2.（言う［予定］）
アンヘル：今回の宴会は私が幹事です。みなさんよろしくお願いします。日時は私が勝手に（　　　　　　　　　　　　　　　　　　　）。

> **内容理解**
>
> ① テーブルの上にあるビールびんについて、日本人とアメリカ人の見方はどのように異なりますか。
> ② アメリカ人にとっての誠実さとは、どのようなものですか。
> ③ 日本人にとっての丁寧さとは、どのようなものですか。
> ④ 言語文化の違いの要因について筆者はどのような結論を出していますか。

▶文法

1

Vようとする

●何かをするつもりで、ちょうどそれをする直前だという意味です。「Vようとした（が…）」の場合は、何かをするつもりでしたが、成功しません、という意味です。

本文▶8行目

アメリカ人の前に置いてあったビンがほとんど空いていたので、ウエートレスはその残ったビールを日本人のグラスに注いで、ビンを持ち去ろうとした。

1．（依頼する）
堀内：堤先生、韓国の朴という学生をご存じですか？
堤：はい。知っていますが。
堀内：彼女の電話番号を教えていただけませんか。連絡（　　　）が、私が持っている彼女の電話番号は古いみたいで、つながらないんです。
堤：そうですか。私が持っている電話番号も古いかもしれませんが、ちょっと待っていてください。

2．（言う［状況］）
レジで（　　　　　　　　　　　　　　　　　）、財布を忘れたことに気付いた。

3．（言う［状況］）
樋口：今、何してたの？　電話、だいじょうぶ？
藤田：うん、ちょうど、（　　　　　　　　　　　　）と思ってたところだよ。

■次のことばを使って、文を作ってください。
①（言う［状況］）
【レポート／提出する／しめきり】
②（言う［状況］）
【失恋／元気を出す／泣く】

2 ところが

☞第1課（p.24）も参照

本文▶14行目

日本人なら、何本かのビールびんが1つのテーブルに置かれた場合、それはみんなのものであると考える。ところが、アメリカ人にとっては、自分の前に置かれたびんは自分の領域に所属してしまう。

1．（言う［状況］）
李：サーニャさん、昨日はどうでしたか？　琵琶湖でのバーベキューは楽しかったですか？
サーニャ：琵琶湖には行ったんです。ところが、（
　　　　　　　　）、バーベキューはできなかったんですよ。

2．（言う［事情］）
日本人なら、日本語が教えられると思う人が多いと思います。中国の人なら中国語を教えるのは簡単だというわけです。ところが、（
　　　　　　　　）。

3．（言う［状況］）
渡部：レポートできた？　きのうは、あと、清書するだけだって言ってたよね？
佐野：それがさあ、全部できてプリントアウトしようとしたんだ。ところが、（　　　　　　　　　　　　　　　　　　　　　　）。
渡部：うわー。それは大変だったね。

4．（警告する）
医師：まだタバコやめてないんですか？
患者：ええ、タバコってダイエットできるっていうから、もうちょっとやせてからやめようと思って。
医師：そう思ってる人が多いようですね。ところが（
　　　　　　　　）。

3

● 「〜にとって…は××」は、「〜」から見れば「…」は「××」というような意味や価値を持っています。という意味です。

● 「〜に対して…」※『「大学生」になるための日本語2』第11課で扱います。「〜」に、「…」をする、という意味。
例 テストで1位をとった人に対して、先生は賞状をあげました。

Nにとって

本文▶16／44行目

ところが、アメリカ人にとっては、自分の前に置かれたびんは自分の領域に所属してしまう。
日本人にとっては、相手の領域（つまり目的地）に直接踏み込まないことがていねいなのである。

1．（励ます）
先生：大学を受験するみなさんにとって、10月からの半年は（　　　　　　　　　）。みんながんばりましょう！

2．（言う［社会の事情］）
周：消費税がもし8％から10％になったら、僕たち留学生は生活できなくなります。留学生にとって、日本は（　　　　　　　　　　）。
小寺：そうね。私たちも消費税は安い方がいいわ。

3．（言う［事情］）
吉村：どうしてこんな簡単な問題が解けないの？
加藤：吉村君にとっては（　　　　　　　　　　　）、私にとっては（　　　　　　　）！　人の気持ちが分からない人ね！

4．（言う［事情］）
大竹：部屋、もうちょっと片付けたら？　こんなたくさんのマンガ、もう読まないでしょ？
木田：今は読んでないだけだよ。
大竹：読まないなら、捨てるよ。
木田：だめ！　僕にとっては（　　　　　　　　　）なんだから。
大竹：そう？　私にとっては（　　　　　　　　　）だけど。

5．（言う［説明］）▷正しいものを選びましょう。

セルビア人（にとって／に対して）日本の夏は暑すぎます。

6．（叱る）▷正しいものを選びましょう。

娘：お母さんなんか大嫌い！

母：自分の親（にとって／に対して）何て口のきき方するの！

7．（説明する）▷正しいものを選びましょう。

僕（にとって／に対して）気を遣わないでください。かえって僕が気を遣います。

4

$$\left.\begin{array}{l}V \\ N \\ A／Na\end{array}\right\} だけで（は）なく$$

●「〜だけではなく…、」は、「〜」に付け加えて、「…」も、という意味です。

本文▶23行目

しかしながら、考えてみると、「ノー」と言えないだけでなく、積極的に「イエス」とも言えない国ではないだろうか。

1．（言う［理由］）

王：インスタントラーメンばかり食べるのはよくないよ。

ロバート：どうして？

王：体だけでなく、（　　　　　　　　　　　）。

ロバート：えー？　そうなの。知らなかった。

2.（言う［状況］）

三田村：今年の夏は暑かったね。

饗庭（あいば）：暑いだけじゃなく、(　　　　　　　　　　)。

三田村：そうね。水不足は深刻だったね。

3.（言う［事情］）

矢野：部長、うちの課の田村さんのことで、ちょっと困ってるんです。

部長：ああ、彼ね。最近、ちょっと遅刻が目立ちますね。

矢野：遅刻だけじゃないんです。(　　　　　　　　　　)。

部長：そう。一度、私からも注意しておきます。

4.（言う［事情］）

徳田：お酒、強いねー。このビール、もう3杯目じゃない？

井野：うん、ビールだけじゃなくて、(　　　　　　　　　　)。

徳田：じゃあ、今日は飲み明かそう！

■次のことばを使って、文を作ってください。

（言う［事情］）

張：堤先生の授業は厳しいよ。【テスト／レポート】

シュルティ：えー、面倒だね。私、アルバイトで忙しいのよね。【スーパー／居酒屋】

張：でも、学生なんだから、学校の勉強の方が大事じゃないの？

5

$\left.\begin{array}{l}\text{Vる}\\\text{N}\end{array}\right\}$ というのは／というものは

●再定義をする時に使います。「～というのは…です」で、「～は…です」とほぼ同じ意味を表しますが、「～」の部分について、「…」だということを再確認したり、話し手なりの定義をしたりします。

> 本文▶26行目
>
> 日本というのは、そういう文化ではないだろうか。

1.（言う［状況］）
ケン：柴田君、僕は日本人の友達が出来ないんだ。なぜだろう？
柴田：そんなことないよ。ケンは友達がたくさんいる方だと思うよ。でもね、日本人というのは、（　　　　　　　　　　　　　　）。
ケン：そうだね。なかなか日本人から話しかけてくれないね。

2.（言う［事情］）
松本：先生、卒業論文のテーマがなかなか決まらないんです。何かいいテーマないですか？
先生：論文を書くというのは（　　　　　　　　　　　　　　）。

3.（言う［事情］）
小林：最近、みんなと仲良くできないの。
エズギ：そうですか。人間にはいろんな人がいますから、誰とでも仲良くするというのは（　　　　　　　　　　　　　　）。

4.（主張する）
江川：このごろ、彼氏が冷たいような気がするんだ。
筒井：なんで？
江川：だって、愛してる、って最近言ってくれなくなったんだもん。
筒井：うーん…愛っていうのは（　　　　　　　　　　　　　　）。
江川：ふうん。そうか。そういう考え方もあるんだね。

6

$$\left.\begin{array}{l}\text{V}\\\text{N}\\\text{A／Na}\end{array}\right\}なら$$

●「〜なら」を使って、後ろのことがらについての条件を言います。名詞には直接続きます。

> 本文 ▶ 30行目
>
> アメリカ人なら、はっきりと好みを言うのが率直で誠実なのであり、あいまいな態度、優柔不断な態度は、好ましくない。

1．（言う［条件］）

松田：今日は面接をありがとうございました。

店長：いえいえ。結果はですね、働いてもらうなら（　　　　　　）。ですから、連絡がなければ残念ですが採用されなかったということで…。

松田：緊張しますね…。

2．（言う［条件］）

堤：木村さん、明日暇？

木村：え？　どうしてですか？

堤：うんとね、もし明日暇なら（　　　　　　　　　　　　　　）。

3．（言う［条件］）

サーニャ：先生、見てくださいこの部屋。こんなに狭いのに1ヶ月6万円もするんですよ。

鈴木：うわぁ、さすが東京だね。岡山なら（　　　　　　　　　）。

4．（言う［条件］）

長谷川：最近、すごく感じが変わったね。メーク変えた？

朴：ううん。違う。

長谷川：じゃ、何？

朴：うふふ。（　　　　　　）なら、教えてもいいけど。

長谷川：そんな秘密の話なの？

7

むしろ

●「むしろ～」で、そう思われていないかもしれませんが、2つのものを比べれば、「～」の方が良い、多い、望ましいということを表します。

> 本文▶42行目
>
> 日本では、自分から進んで相手の気持ちの中に立ち入るより、むしろ、距離を置いて、相手の配慮(はいりょ)に任せてしまうことが多い。

1．(言う［事情］)
前田：筒井さん、私が離婚したこと、山田さんに話しましたか？
筒井：すみません。実は、山田さんが聞いてきたのでつい話してしまったんです。申し訳ないです。
前田：いえ、いいんですよ。むしろ、(　　　　　　　　　　　　)。

2．(言う［状況・文句］)
張：金子先生の日本語の授業、全然分からないわ。本当に日本語の専門家なのかしら？
朴：僕もそう思っていたんだ。あれならむしろ(　　　　　　　　　　　　)。

3．(言う［事情］)
孫：彼女にふられたんだって？
後藤：そうなんだ…
孫：ま、そんなこともあるよ。話聞こうか？
後藤：うん…せっかくだけど今はむしろ(　　　　　　　　　　　　)。

■次のことばを使って、文を作ってください。
【留学生／日本人学生／日本人らしい】

▶聞く

Disc 2 Tr ▶ 01–10

1	V ようとする	1.	ⓐ ⓑ ⓒ
			ⓐ ⓑ ⓒ
		2.	ⓐ ⓑ ⓒ
2	ところが	1.	ⓐ ⓑ ⓒ
		2.	ⓐ ⓑ ⓒ
3	V / N / A・Na } だけで(は)なく	1.	ⓐ ⓑ ⓒ
		2.	ⓐ ⓑ ⓒ
4	Vる / N } というのは/というものは	1.	ⓐ ⓑ ⓒ
		2.	ⓐ ⓑ ⓒ
5	Vる / N / A・Na } なら	1.	ⓐ ⓑ ⓒ
		2.	ⓐ ⓑ ⓒ

第7課

▶話す

1   〜にとって

1．（言う［事情］）
あなたにとって、
①「留学」とはどんな意味がありますか？
②「日本での生活」はどうですか？
友達と話してください。

2．（言う［事情］）
これからの若者にとって身につけるべき能力はどんなものだと思いますか？

2   〜というのは／〜というものは

1．（反論する）
あなたの友達が、あなたの国の人のことを言っています。それについてあなたの感想やその意見についてのコメントをしてあげてください。
友達：〜さんの国の人は（　　　　　　　　　　　　　）ねぇ。
あなた：（　　　　　　　　　　　　　　　　　　　　）。

2．（反論する）
「携帯電話はもう必要ない」と言っている友人の理由を聞いて、あなたの意見を言ってください。
友達：携帯電話はもういらないよ。
あなた：どうして。
友達：だって、（　　　　　　　　　　　　）。
あなた：（　　　　　　　　　　　　　　　　　　　）。

3 ～なら

1．（アドバイスする）
浮気をしていた彼／彼女と付き合い続けると言っている友人に一言。あなたはどうしますか？
友人：結局、彼／彼女と続けていくことにしたから。
あなた：(   )。

2．（交渉する）
あなたは自転車に乗っていて、交通事故にあってしまいました。加害者は、裁判ではなく示談による和解を求めています。和解に応じるための条件を出してください。
あなた：(   )。

⊙示談：裁判を起こさずに、事故を起こした人（加害者）とあなた（被害者）で話し合いをして解決（和解）します。

▶タスク

Disc 2 Tr▶11

1 CDを聞いて答えましょう。

1　ⓐ　ⓑ　ⓒ
　　ⓐ　ⓑ　ⓒ
　　ⓐ　ⓑ　ⓒ

第7課

2 ロールプレイング

1．（描写する）
あなたはお店で写真のものを探していますが、日本語で何というか分かりません。店員に説明して見つけてください。

A　　　　　　B　　　　　　C

▶書く

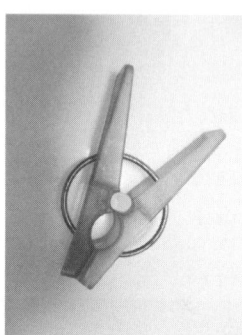

あなたの知っている言語（母語でも外国語でもかまいません）と、日本語の表現には、どんな違いがあるでしょうか。2つの言語を比べながら、違うところを書いてください。

第 **8** 課

●テーマ
ローソクの進化

この課の内容

トピック：商品開発
関連分野：工学、ものづくり、マーケティング
文法項目：せいぜい、〜くらいだ、〜わけにはいかない、〜ようになる、しかも、それどころか、
　　　　　〜まで、〜てしょうがない
　聞く：先生と学生の会話、仕事の話、学生と事務員の会話、友人との会話、インタビュー
　話す：断る、依頼する、紹介する、アドバイスする
　書く：国の発展について意見を書く

ウォームアップ

1. ローソクの原料は、何でしょうか。
2. どんなときにローソクやお線香を使いますか。
3. ローソクやお線香の新商品を開発するとしたら、どんな新商品が考えられるでしょうか。

ここでの主な言葉

これだけは覚えよう

語彙

- 製造（する）
- 結婚披露宴
- 匂い
- 〜を残す
- 〜を蒸す
- 〜を搾る
- 蜂
- 巣
- 〜がたまる
- 熱湯
- 〜を溶かす
- 天然（の）
- クジラ
- 〜を利用する
- 〜年代
- 大量に
- 〜を生産（する）
- 可能になる／する
- 元
- 〜が進む
- 初期
- 人物
- 故郷

- 〜に戻る
- はるかに
- 石油
- 不安定な
- そもそも
- 〜を育てる
- 〜をまたぐ
- 〜に成功する
- 〜に匹敵する
- 〜が／〜を発生する（自他同形）
- 気分
- 効果（がある／ない）
- 時期
- 〜を研究する
- 酸素、二酸化炭素、ガス、炭素、水素
- 温度、気温
- 〜が変化する／変わる
- ひび（が入る）
- 〜が割れる
- 工夫する
- （時間）がかりで
- 独特の
- 煙

□～を抑える
□～以来
□課題
□～を探す
□具体的な／抽象的な
□感覚
□自由な／不自由な

文法
□せいぜい
□V ／ N } くらいだ
□～わけにはいかない
□Vようになる
□しかも
□それどころか
□Nまで
□～てしょう（しよう）がない

第8課

便利な表現

語彙
□ぶしつけな（不躾な）
□いいですか
□V尽くす ⟷ V残す
□～化する
□ぎりぎり

133

▶読む

出典：吉岡 忍◉「ローソクだって進化する」『ニッポンの心意気　現代仕事カタログ』(2007) ちくまプリマー新書 (p.92-94)

□
ろうそく
線香(せんこう)
技術革新
大手
工程
コスト
削減（する）
故人

☞ p.136

☞ p.136

□
古来
抽出(ちゅうしゅつ)する
原油
精製する
切り換わる
（〜には）つきもの
熟知する
老舗

□
情勢
原料
半島
採る
燃焼する
マイナスイオン
安らかな

☞ p.137

☞ p.137

「ローソクやお線香(せんこう)にはもう技術革新などないだろう、と思ってました」

ぶしつけなことを、ローソク業界最大手のカメヤマの代表取締役(とりしまりやく)副社長、近藤悟に言ってしまった。せいぜいあっても、製造工程の工夫によるコスト削減くらいじゃないですか、と。

近藤、少しも怒らず、

「いいですか。このごろは故人のお別れの会もホテルでやることがありますね。その同じ部屋で、つづいて結婚披露宴(ひろうえん)もやる。そこにローソクやお線香の強い匂いを残しておくわけにいかないとしたら、どうしますか？」

ローソクは古来、ハゼの実を蒸して搾ったり、蜂の巣にたまる蜜蝋(みつろう)を熱湯で溶かす(ねっとう)など、天然の油分を抽出(ちゅうしゅつ)して作られてきたが、明治期にはクジラの脂が利用され、1930年代になると原油から精製したパラフィンが使われるようになった。パラフィンの利用で大量生産は可能になったが、そのイオウ分が煤(すす)や匂いの元となってきた。

このクジラからパラフィンへの切り換わりが進んだ昭和初期、伊勢の宮大工で、神社にはつきもののローソクのことを熟知していた谷川兵三郎という人物が、故郷の亀山市にもどってローソクを作り始めた、というのが同社の始まり。80年前になる。このごろ亀山市というと、電機メーカーの液晶テレビ用パネル生産で有名だが、ローソクの方がはるかに老舗なのだ。

「あと数十年で石油は掘り尽くされてしまう、と言われますし、イラク戦争を見ればわかるように中東情勢は変わりやすく、そのたびに原油価格が不安定になる。別の原料のローソクを考えておかなければ、そもそもローソクというものがなくなってしまう、という危機感があったんですよ」

例えばマレー半島では多数の椰子(やし)が育てられ、パームオイルが採れる。パームオイル中の脂肪酸は融点(ゆうてん)が低いから溶けやすく、純化させるのはむずかしいが、世紀の変わり目をまたいだ4年間の研究でローソクにすることに成功した。しかもこのローソクは燃焼時、森林浴に匹敵(ひってき)するマイナスイオンを発生し、気分を安らかにする効果もあるという。

同じ時期に、天然ガスをローソクにする研究も始めた。メタンガスを

1

5

10

15

20

25

30

マイナス162℃で液化し、これと酸素との化合物から取り出した炭素に水素を添加すると、ローソク原料に使える白い塊になる。温度変化によってひびが入ったり割れたりするが、成型工程を何度も作り替えて工夫し、これを5年がかりで製品化した。こちらはほとんど無臭のローソクとなった。

　ローソクが変化するなら、お線香も変わる。あの独特の煙や匂いをぎりぎりまで抑えた、いや、それどころか消臭効果まであるという備長炭、活性炭、消臭剤入りの線香も、最近のカメヤマは作っている。

　近藤はこれら新ローソクや新線香の研究を引っぱってきた。1975（昭和50）年の入社以来、生産機械の設計や工場の生産管理部門で働き、技術部長や工場長を務めるあいだ、メーカーの技術者であることの面白さを感じてきたのだという。

　「まっ白のなかから課題を探して、その解決法を具体的に考えていく。どう考えても、どう設計してもいいし、どんな材料を使ってもいい。自由なんですよ。この感覚をつかむと、研究が楽しくてしょうがない」

　こういう人が、古くからあるものを新しくしていく。

―――

語彙（左欄）
添加する
塊
消臭する／無臭の

設計する
解決法
材料
感覚

☞ p.138

第8課

入試問題対策

① 3行目「ぶしつけなこと」とはどういう意味か。
　①武士のように礼儀正しいこと　②あいまいなこと　③失礼なこと

② 次の漢字を読みなさい。
　①老舗　②燃焼　③塊　④抑えた

③ 45行目「まっ白のなかから課題を探して、その解決法を具体的に考えていく。」とはどういうことか。本文で紹介されていることを、具体的に説明しなさい。

便利な表現

1

●「ぶしつけですが」は、「失礼ですが」とほぼ同じように使います。何かを聞くときに、こんなことを聞いては失礼になるかもしれないと思ったら使いましょう。

ぶしつけな（不躾な）

本文▶3行目

ぶしつけなことを、ローソク業界最大手のカメヤマの代表取締役副社長、近藤悟に言ってしまった。

1．（聞く［相手のこと］）
ぶしつけですが、おいくつですか？
2．（聞く［相手のこと］）
ぶしつけなことを聞きますが、独身ですか？
3．（聞く［相手のこと］）
ぶしつけで申し訳ないんですが、（　　　　）は？

2

●誰かに何かを説得しようとするときに使います。

いいですか

本文▶7行目

「いいですか。このごろは故人のお別れの会もホテルでやることがありますね」

1．（説得する）
いいですか、よく考えてみてください。彼を責めても、なくなったお金は返ってこないんです。
2．（主張する）
椎名：選挙なんて行っても行かなくても私たちの生活には関係ないわ。
斎藤：椎名さん、それは違いますよ。いいですか、みんなが椎名さんと同じ考えだったら、選挙に誰も行かなくなります。そうしたら、政治家は私たちの意見を聞かなくなりますよ。

3

●完全にVする。という意味です。反対の「V残す」は、完全にはせずに、少し残してしまうという意味です。

V尽くす ⟷ V残す

本文▶22行目

「あと数十年で石油は掘り尽くされてしまう」

例 掘り尽くす／食べ尽くす／し尽くす／言い尽くす

4

●「〜」になる／する、という意味です。

〜化する

本文▶28行目

パームオイル中の脂肪酸は融点(ゆうてん)が低いから溶けやすく、純化させるのはむずかしいが、世紀の変わり目をまたいだ4年間の研究でローソクにすることに成功した。

例 純化する／液化する／製品化する／地球が温暖化する／郵政が民営化する

5 ぎりぎり

●限界の近くまで、限界まで、という意味です。

本文▶38行目

あの独特の煙や匂いをぎりぎりまで抑えた、いや、それどころか消臭効果まであるという備長炭、活性炭、消臭剤入りの線香も、最近のカメヤマは作っている。

1．（言う［状況］）
王：レポート出した？
シルビア：うん。何とか、ぎりぎり間に合った。

2．（言う［状況］）
李：堤さんはエアコンをつけないんですって？
堤：ええ。ぎりぎりまで我慢しますよ。でも、最近は地球温暖化で寝るときと食事中だけはつけてますね。限界です。

内容理解

1. 以前のローソクには、どんな問題点があったと考えられますか。
2. ローソクの原料は、古来から現在まで、どのように変わってきましたか。
3. パームオイルを原料としたローソクが開発されたのは、いつごろですか。
4. 新しく開発されたローソクやお線香には、どんなメリットがありますか。
5. 48行目「こういう人」とありますが、どのような人のことでしょうか。自分のことばで説明してください。

▶文法

1

せいぜい

●「どんなに多くても、それほど多くはない」という意味です。

本文▶4行目

せいぜいあっても、製造工程の工夫によるコスト削減くらいじゃないですか、と。

■次の①、②の文では、どこに「せいぜい」が入りますか?

1.(聞く、お願いする)
平岩:先生、どうしても金曜日の3時間目の授業に出たいんですが、受講生が多すぎて、受講できないことはありますか?
久谷:いや、ないですよ。大丈夫です。あの授業は多くても15人くらいですから。

2.(打ち合わせる[予定])
辛:今日、8時に横浜駅ね。仕事遅くならない?
中村:大丈夫だよ。いつも通りに終わるから、7時半までしか残業しないよ。

2

● 「〜くらいだ」で、「〜」はそれを話している人にとっては、大したことではない、という判断を表します。

$\left.\begin{array}{l}\text{V}\\\text{N}\end{array}\right\}$ くらいだ

本文▶4行目

せいぜいあっても、製造工程の工夫によるコスト削減くらいじゃないですか、と。

1．（描写する）
このあたりはとても涼しくて、熱帯夜になる日は1年に（　　　　　）くらいです。

2．（言う［状況］）
パトリツィア：馬さん、4月から仕事がまた増えたんですって？
馬：増えましたが、増えたことと言ったら、毎日（　　　　　）くらいです。

3．（相談する・アドバイスする）
堤：(恋愛相談をしています）この手紙、見てどう思う？
長谷川：うーん、短いから何とも言えないけど。分かることと言えば、彼女は（　　　　　）くらいかな。

4．（言う［状況］）
高田：留学生が日本の大学で勉強するのって、予習とか復習とか大変じゃないの？
楊：そうだね。でも日本人の学生と違うところって（　　　　　）くらいだと思うよ。

5．（言う［状況］）
日高：今度の新しいアパート、どう？
木村：なかなかいいよ。まあ、ちょっと気になることと言えば、（　　　　　）くらい。

6．（祝う・言う［状況］）
田中：退院、おめでとう。よかったね、早く治って。もう普通に食事したりしていいの？
西村：うん。気をつけることは、（　　　　　）ぐらいかな。

3

●「常識的に考えれば、Ｖすることはできません。」という意味です。

〜わけにはいかない

本文▶8行目

「そこにローソクや線香の強い匂いを残しておくわけにいかないとしたら、どうしますか？」

１．（嘆願する）
西前：この成績では単位をあげることはできないねぇ。
潮田：先生、何とかお願いします。この授業を（　　　　　　　）わけにはいかないんです。

２．（言う［事情］）
山口：もうこの研究プロジェクト、無理だよ。止めてしまおうよ。
松井：会社からお金が出ているんだよ。そんな簡単に（　　　　　　　　　　　）。

３．（引き止める・説得する・非難する）
保阪：彼女と別れたいんだよね。
後藤：いまさら何言ってるの？　もう婚約したんでしょ？（　　　　　　　　　　　）わけにはいかないんじゃないの？

４．（打ち合わせる［予定］）
松田：あさって、台風が来そうだよ。どうしよう、旅行、キャンセルしようか？
椎名：ええ？（　　　　　　　　　　）から、今からキャンセルするわけにはいかないよ。

５．（相談する）
家田：この話、お願いだから、誰にも言わないでくれる？
野村：うーん。でも、仕事にかかわるようなこんな大事な話、誰にも（　　　　　　　）わけにはいかないでしょう。

６．（説明する［事情］）
夫：今日は、こんなに熱があるんだから、会社、休んだほうがいいよ。
妻：だめ。（　　　　　　　　　）から、絶対休むわけにはいかないの。

4　Vようになる

●時間が経つとともに、Vのような変化が起こった、という意味です。出来なかったことや、実行されていなかったことが出来たり、実行されたりしたときに使います。

> 本文▶11行目
>
> ローソクは古来、ハゼの実を蒸して搾ったり、蜂の巣にたまる蜜蝋を熱湯で溶かすなど、天然の油分を抽出して作られてきたが、明治期にはクジラの脂が利用され、1930年代になると原油から精製したパラフィンが使われるようになった。

1．（祝う・感謝する）
王：（卒業式の日に）先生、ありがとうございました。先生のおかげで日本語が上手に（　　　　　　　　　　　　）。
先生：いやいや、王さんが努力したからだよ。卒業おめでとう。

2．（依頼する）▶（電話で）
張：もしもし？　電子レンジですけど、1週間くらい前から（　　　　　　　　　　　）ようになったんですけど、修理してもらえます？
店員：分かりました。それでは取りに伺いますので、住所とお電話番号を…。

3．（挨拶する）▶（手紙で）
彼岸を過ぎて、暑さも和らぎ、ようやく（　　　　　　　　）ようになりましたが、いかがお過ごしでしょうか。

4．（言う［状況］）
熊谷：最近、「手紙」って書いてないなぁ。
西脇：うん、ほんとに（　　　　　　　　　　　　）ようになったね。

5．（うわさする）
小西：最近、林さん、ちょっと変わったね。
唐：そうだねぇ。そう言えば、（　　　　　　　　　　　）ようになったよね。

⊙彼岸：一年に二回（春分の日と秋分の日）を真ん中にして、その前3日と後3日を合わせて7日間を彼岸といいます。仏教の行事で、お墓参りをしたりします。ここでは、「暑さ寒さも彼岸まで」という言い方があることを知りましょう。

6．(言う［状況］)
有田：ダイエット、どう？　続いてる？
中島：うん。最近は、食べ物にも気を使ってるから（　　　　　　）ようになったよ。

5

しかも

●「〜しかも…」は「〜」の他にも「…」を付け加えたい、というときに使います。いいことにも悪いことにも使います。

本文▶28行目

パームオイル中の脂肪酸は融点が低いから溶けやすく、純化させるのはむずかしいが、世紀の変わり目をまたいだ4年間の研究でローソクにすることに成功した。しかもこのローソクは燃焼時、森林浴に匹敵するマイナスイオンを発生し、気分を安らかにする効果もあるという。

1．(誘う［食事］)
堤：今度、「さんかく」ってお店のランチに行こうよ。あそこ、すごくおいしいんだよ。しかも（　　　　　　　　　　　　　　）。
森：それは行かなきゃ！

2．(言う［愚痴・文句］)
本田：聞いて。うちの彼氏、ほんとにひどいんだよ。こないだなんて、
（　　　　　　　　　）、しかも（　　　　　）だよ！
川合：ええー！　それ、ひどすぎるねー!!

3．(のろける・自慢する)
本田：聞いて。こないだ彼氏とけんかしてきのう仲直りしたんだけど、
（　　　　　　　　）、しかも（　　　　　　　　　）てくれたんだよ〜！
川合：そぉ〜。よかったね〜。

4．(言う［愚痴］)
石田：今日は、ほんとについてなかったよ。（　　　　　　　　）上に、しかも、（　　　　　　　　　　）から…
王：ああ、それは大変だったね。

143

■次の①、②の文では、「しかも」はどこに入りますか？
① (宣伝する) ▶ (広告で)
本日卵10個、100円です。お1人様何パックでも買っていただけます。
② (責める・謝る)
事務員：この書類、間違いだらけですよ。提出の締め切りも大分遅れてます。
陳：すみません。昨日はアルバイトが忙しくて書けなかったんです。今日まで書類のことを忘れていたんです。

6 それどころか

●「～それどころか…」は「～」の他にも「…」を付け加えたい、というときに使いますが、どちらかというと「…」の方に言いたいことの中心があります。

本文▶38行目

あの独特の煙や匂いをぎりぎりまで抑えた、いや、それどころか消臭効果まであるという備長炭、活性炭、消臭剤入りの線香も、最近のカメヤマは作っている。

1．(説明する [事情])
文：明日、ひま？　ひまだったら、どっか行かない？
澤田：ひまじゃないよ。授業もあるし、それどころか（　　　　　　　　　）。

2．(言う [文句・愚痴])
前田：その指輪、かわいいね。彼氏がプレゼントしてくれたの？
小阪：指輪なんか買ってくれないよ。それどころか、（　　　　　　　　　）。

3．(描写する)
吉田：この前の連休に、大阪にドライブに行ったんだけど、運転のマナーがひどかったよ。まず、（　　　　　　　　　）し、それどころか（　　　　　　　　　）。
北山：それは、危ないねえ。

7

Nまで

●想像していたこと、期待していたこと以上のことを例示するときに使います。

本文▶38行目

あの独特の煙や匂いをぎりぎりまで抑えた、いや、それどころか消臭効果まであるという備長炭、活性炭、消臭剤入りの線香も、最近のカメヤマは作っている。

1．（聞く［文化］・説明する［文化］）
シュルティ：こないだ日本の料亭に連れて行ってもらいました。1万円と書いてあるのに、2万円くらいかかりました。どうしてですか？
中井：それはね、部屋を使う時に「部屋代」がかかっているからだよ。時々（　　　　）までとられることもあるから気をつけないと。

2．（うわさする）
ケナード：朴さんっているでしょ？　新入生の。
イゴル：ああ、いるね。どうしたの？
ケナード：あの子、学校をやめさせられるらしいよ。
イゴル：どうして？
ケナード：授業をよくさぼってたけど、（　　　　　　　　　）までさぼっちゃったらしいんだよ。
イゴル：自業自得だね。

3．（責める）
一井：恋人として言うけど、今度の問題は他のみんなが言っているとおり、あなたがよくなかったと思うな。
赤木：恋人のきみまで（　　　　　　　　　　　　　）。

4．（言う［愚痴］）
陳：うちの彼氏のこと、ちょっと困ってるんだ。だって、こないだなんて離れたくないからって、（　　　　）まで一緒についてきたんだよ。
権：え？　それはちょっとねぇ…

5．（説明する［事情］）
谷口：なんで、岩田くんとけんかしたの？
塚本：あいつが悪いんだ。（　　　　　　　　　）とまで言われて、こっちもだまってるわけにはいかなかったんだよ。

8

～てしょう（しよう）がない

●「～てしょうがない」で「がまんできないくらい～だ」という意味です。

> 本文▶47行目
>
> 「この感覚をつかむと、研究が楽しくてしょうがない」

1．（説明する［理由］）
周：どうしたの？　さっきからあくびばかりしているね。
前川：そうなんだ。実は昨日レポートを夜遅くまで書いていて、（　　　　　）てしょうがないんだよ。

2．（説明する［理由］）
銭：あら林さん。どうしたの？　こんな時間に。
林：ごめんなさい。ちょっと（　　　　　　　　　）てしょうがないの。コンビニを探したんだけどこのあたりになくて。それで銭さんの家が近いのを思い出して来てみたの。
銭：あら、いいわよ。あがってあがって。

3．（言う［愚痴］）
石田：聞いたよ。うわさ。松田先生と付き合ってるっていうのは本当なの？
佐野：石田さんまでそのうわさ信じるの？　そんなわけないじゃないの。そのうわさ流してるの、伊藤さんよ、きっと。あることないことうわさされて（　　　　　　　　　）てしょうがないわ。

4．（描写する）
大田：最近の学生は、携帯電話を持つと、授業中でも（　　　　　）てしょうがないみたいですね。
平林：まあ、分からないでもないですけどね。

146

5．（うわさする）

桜井：彼は、新婚ほやほやだから、（　　　　　　　　　　　　　　）てしょうがないみたいだね。

久野：誰でも、新婚当初はそうだよね。

6．（言う［状況］）

岡崎：どうしたの？　最近、何か様子が変だよ？

松丸：実は、医者からは止められてがまんしてるんだけど、（　　　　　　　）てしょうがないんだ。けど、健康のためには、しかたないね。

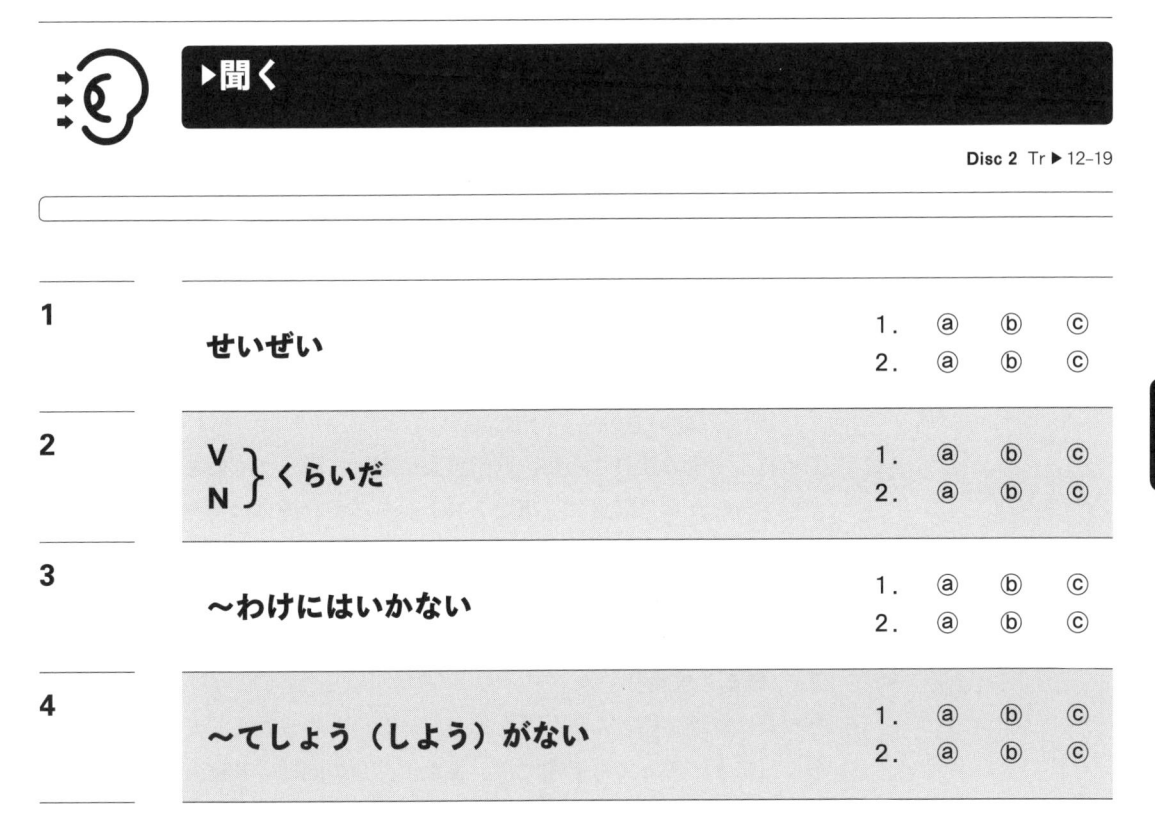

▶聞く

Disc 2 Tr ▶ 12-19

1	せいぜい	1. ⓐ ⓑ ⓒ 2. ⓐ ⓑ ⓒ
2	V／N くらいだ	1. ⓐ ⓑ ⓒ 2. ⓐ ⓑ ⓒ
3	〜わけにはいかない	1. ⓐ ⓑ ⓒ 2. ⓐ ⓑ ⓒ
4	〜てしょう（しよう）がない	1. ⓐ ⓑ ⓒ 2. ⓐ ⓑ ⓒ

▶話す

1

せいぜい

１．（紹介する［自分の国］）
あなたの国を旅行するのに、
①日本から何時間、
②いくら、
③何日間
あれば旅行できますか？

2

～わけにはいかない

１．（断る［誘い］）
アルバイト先の社長さんが、週末温泉に連れて行ってくれると言います。でも、あなたは月曜日に大事なテストがあって、週末は勉強したいです。うまく社長さんのお誘いをことわってください。
社長：週末、温泉行くぞ。予定をあけておいて。
あなた：(　　　　　　　　　　　　　　　　　　　　)。

２．（断る［依頼］）
あなたは友達の崔さんにお金を貸してほしいと頼まれました。その金額は、あなたにとってとても高額です。また、お金の問題で友達との関係を壊したくありません。何と言いますか。
崔：あのさぁ、ちょっと頼みごとがあって…急なんだけど、10万円貸してくれないかな。
あなた：(　　　　　　　　　　　　　　　　　　　　)。

3　Vようになる

1．（依頼する）
あなたの家のエアコンが、全然涼しくなりません。しかも今は7月、これから暑くなるのに！　先月使ったときにはちゃんと涼しくなりました。修理屋さんに電話してください。
修理屋：もしもし、まいど電気です。
あなた：（　　　　　　　　　　　　　　　　　　　　　　）。

2．（聞く［状況］）
最近、一緒に住んでいるルームメイトの様子が変です。今までしなかったことをしたりします。気になるので、声をかけてあげてください。
あなた：（　　　　　　　　　　　　　　　　　　　　　　）。

4　しかも

1．（アドバイスする・訂正する［相手の信念］）
あなたの国の友達が、日本に1年間留学することになりました。日本は生活しやすいと聞いて、1年中同じような天気だと思っています。日本の気候について教えてあげてください。
友達：日本は生活しやすいんでしょう？　長そでのシャツが10枚くらいとGパンが3着あればいいかな。
あなた：何を言ってるの！　日本には夏も冬もあるんだよ。（　　　　　　　　　　　　　　）。

▶タスク

1 CDを聞いて答えましょう。

Disc 2 Tr▶20

1. ⓐ ⓑ ⓒ
   ⓐ ⓑ ⓒ
   ⓐ ⓑ ⓒ

2 ロールプレイング

1．（説明する［手順］）
あなたの得意料理の作り方を詳しく教えてください。

2．（説明する［手順］）
日本のビザをとるために、したこと全てを詳しく教えてください。

▶書く

日本は「ものづくり」で発展してきたと言われています。そして今、また「ものづくり」を目標にして発展しようという意見があります。それについてあなたはどう考えますか。日本はどのようにしてこれからさらに発展していけばいいと思いますか。あなたの国はどのようにして発展していけばいいと思いますか。書きなさい。

第 9 課

● テーマ

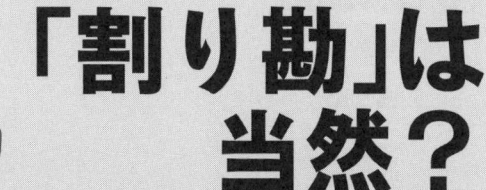

「割り勘」は当然？

この課の内容

トピック：割り勘、ジェンダー
関連分野：社会学、心理学
文法項目：〜べきだ、〜ように〜、〜とも、さらに、一方、また、〜のではなく
　　聞く：留守番電話、説明、注意、学生と先生の会話、支払いの場面
　　話す：意見を言う、アドバイスする、発表する
　　書く：割り勘と男女平等の関係について意見を述べる

ウォームアップ

1. あなたはどんなときに割り勘で支払いますか。
2. 割り勘に抵抗感がありますか。それはなぜですか。
3. 「ジェンダー」とは、どのような意味ですか。
4. 「ステレオタイプ」とは、どのような意味ですか。

ここでの主な言葉

これだけは覚えよう

語彙

- □ 当然(とうぜん)
- □ 割り勘(わりかん)
- □ ～を／～におごる
- □ 払う、支払う(はら、しはら)
- □ 今(いま)どきの
- □ (お金(かね)が)かかる
- □ コンパ
- □ ～をまとめる
- □ 得・損(とく・そん)
- □ ～を実施(じっし)する
- □ 同性(どうせい)⇔(　　　)
- □ 同額(どうがく)、同程度(どうていど)に、同大学(どうだいがく)
- □ ～刻(きざ)みで＝～ごとに
- □ ～を示(しめ)す
- □ ～を占(し)める
- □ ～以外(いがい)
- □ ～を決定(けってい)する／～の決定(けってい)をする
- □ ほぼ
- □ 逆(ぎゃく)に
- □ ～と回答(かいとう)する
  （「解答(かいとう)する」との違(ちが)い:　　　）
- □ 合理的(ごうりてき)な
- □ 判断(はんだん)する
- □ ～を／～と分析(ぶんせき)する
- □ 本気(ほんき)で
- □ 一見(いっけん)～
- □ 好意的(こういてき)な
- □ 性差別(せいさべつ)
- □ 社会構造(しゃかいこうぞう)
- □ ～を維持(いじ)する
- □ ～につながる
- □ ～が顕著(けんちょ)になる
- □ ～と協力(きょうりょく)する
- □ ～より優位(ゆうい)な
- □ ～とする／～という／
  　N（Na）の（な）傾向(けいこう)がある
- □ 仮説(かせつ)
- □ ～を検討(けんとう)する
- □ ～とつきあう
- □ ～に甘(あま)える
- □ その場(ば)
- □ 面倒(めんどう)な
- □ したたかな

文法

- □ Vべきだ
- □ V1ように（V2）
- □ Nとも
- □ さらに
- □ 〜一方（いっぽう）、〜
- □ また
- □ Vの／こと／だから ┐
　N　　　　　　　　├ ではなく〜
　Aから　　　　　　│
　Naの／だから　　 ┘

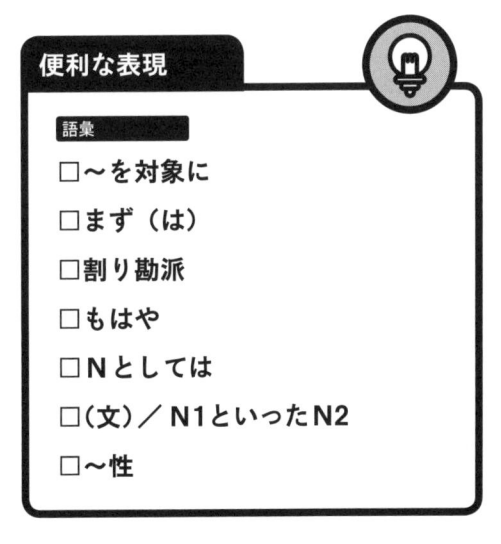

便利な表現

語彙

- □ 〜を対象に
- □ まず（は）
- □ 割り勘派
- □ もはや
- □ Nとしては
- □ （文）／N1といったN2
- □ 〜性

第9課

153

▶読む

出典：小林正典●「大学生コンパ　男3＋女3＝¥12,000　支払いは…」（2006年7月21日掲載）朝日新聞

健在

今どきの女子大生
女も「飲める」なら当然「割り勘」
「男の方が多く払うべき」も健在
●神戸松蔭女子学院大土肥教授が「実験」勘定の瞬間、計算したたか？

ジェンダー
共著（⇔単著）
長い目で見る
学生ならずとも
（＝学生でなくても）

「大学のクラスメート男女各3人のコンパ。総額12,000円かかったが、さて、男女いくらずつ払う？」　今どきの女子大生はこんな場面でどう考えるのか。『ジェンダーの心理学』などの共著もある神戸松蔭女子学院大教授の土肥伊都子さん（社会心理学）が「実験」の結果をまとめた。おごってもらうのは長い目で見た場合、得なのか損なのか――。大学帰りの（？）ビールがおいしいこの時期、学生ならずとも皆さん、一緒に考えてみませんか。

☞p.156

ケース＝
（漢語：　　　）
理念
ステレオタイプ
〜を検証する
狙い
全般に

「実験」は同大学3年生の女子学生ら約340人を対象に、質問紙で実施。酒のよく飲める人、あまり飲めない人の男女の人数を様々に変えた16ケースについて、食事代とは別に考えるよう指示しながら、1人いくらで割ればいいか、同性間の支払額は同額との条件をつけて500円刻みで調べた。理念としては女性の社会参加や男女平等は当然の現代、具体的な場面では「女は甘えて男に払わせる」といったステレオタイプが残っているのか検証するのが狙いだ。

全般に、「飲める女性が増えれば女性の支払額も多くする」という「当然」の結果が出た。が、いくつかのケースでは「ステレオタイプが残っていることを示すきれいな結果が出た」。

☞p.156

まずは、男女が同程度に飲める4ケースについて。男女6人とも2千円ずつの割り勘にするべきだと答えた人が8〜9割を占めたが、割り勘以外の決定をした人のほぼ全員が、女性よりも男性の方が多く支払うべきだ、と答えた。例えば、男女とも1人は飲めて2人は飲めないケース。割り勘派は79％だが、次に多いのが「男2,500円、女1,500円」で14％。「男4,000円、女0円」も2％いた。逆に男性よりも女性の方に多い金額を付けたのは、ゼロだった。

☞p.157

さらに、男性は3人とも飲めるのに女性は3人とも飲めないケース

では割り勘派は5％にとどまり、「男4,000円、女0円」が31％、「男3,500円、女500円」が15％などほぼ全員が男性が多く払うべきだと回答。一方、女性は3人とも飲めるのに男性は3人とも飲めないケースでは、割り勘派が41％にものぼった。「男0円、女4,000円」は8％、「男500円、女3,500円」も11％にとどまった。

土肥さんは「女性も飲めれば払うといった合理的な判断が働く一方、男性の方が多く払うべきだというジェンダー・ステレオタイプが残されている」と分析。「問題は、男性に多く払ってもらうと得したと本気で思っていること。一見女性に好意的に見えて、実はこれが性差別の社会構造の維持につながってしまう。ジェンダー・ステレオタイプは男女が1対1の時より顕著になる」と警鐘を鳴らす。

また、60人については、土肥さんらが開発した「ジェンダー・タイプ」（自分の性格を男性的と考えるか、女性的と考えるかの指標）で分けた場合に、支払いパターンがどう違うかも分析した。すると、「人をほめるのがうまい」「人と協力できる」などの「女性性」が優位な学生には割り勘派が多く、「積極的に活動する」「自分の意見は主張する」などの「男性性」が優位な学生には、男性が多く支払うべきだとする傾向が強い、との結果が出たケースが複数あった。例えば、6人とも飲めるケースでは、「女性性」優位型の全員が割り勘派、「男性性」優位型の3分の2が男性が多く支払うべきだと答えた。

この結果は「仮説とは逆だった」と土肥さん。理由は目下、検討中だが、「『男性性』を内面化した女子学生は、考え方まで『男性の発想』に近くなっていると言えるのかもしれない」。

今の女子大生にとって、男性たちとうまくつきあうための「女性性」とは、もはや「上手に甘えて払わせる」ことではなく、割り勘だということか。おごってもらえればその場はいいが、長い目で見ると「借り」になり面倒――。そんなしたたかな「計算」が実はお勘定の瞬間に働いているのかもしれない。

入試問題対策

1. 39行目「ジェンダー・ステレオタイプ」とはどのようなことですか。本文の例を挙げながら説明しなさい。
2. 24行目「きれいな結果」の「きれいな」はどういう意味ですか。別のことばで説明しなさい。

便利な表現

1

●「〜に対して」という意味です。書きことばで、「〜」に何かを実施する、という意味です。調査、審査などを行うときに使われます。

〜を対象に

本文▶15行目

「実験」は同大学3年生の女子学生ら約340人を対象に、質問紙で実施。

1．(指示する・連絡する)

来週月曜日に、在校生全員を対象に、健康診断があります。必ず受診するようにしてください。

2

●「最初に」の意味です。

まず（は）

本文▶25行目

まずは、男女が同程度に飲める4ケースについて。

1．(指示する)

先生：はい。この問題、解いてみて。まずは（ヒント　　　　　　　　）。
学生：ヒントくださいよ〜。難しいですよ。

2．(依頼する) ▶ (手紙で)

王様

今度の文化教養講座で、王さんに中国の文化と伝統について、町内会のみなさんに話していただきたいのです。引き受けてくださるでしょうか？
まずは、（　　　　　　　　　　　　　）よろしくお願いします。

3．(話す [希望])

国へ帰って、まずしたいことは何ですか？

4．(アドバイスする・説明する)

あなたの国の友達が日本への留学を希望しています。留学する前に必要なことをいくつかアドバイスしてあげてください。

3

●「〜派」は、「〜の方／グループ／味方」という意味です。

割り勘派

本文▶29行目

割り勘派は79％だが、次に多いのが「男2,500円、女1,500円」で14％。

例 少数派／和食派／タカ派／ハト派／右派／左派／実力派（の歌手）

4

●「もう、すでに」という意味です。ある物事が進んでいって、今では「〜」です。

もはや

本文▶56行目

今の女子大生にとって、男性たちとうまくつきあうための「女性性」とは、もはや「上手に甘えて払わせる」ことではなく、割り勘だということか。

1．（述べる［環境］）
「地球温暖化」は、もはや（　　　　　　　　　　　　　　）。
2．（言う［状況］）
岸田：彼と別れるの？
李：いや！　彼のいない生活なんてもはや（　　　　　　　　　）。
3．（言う［状況］）
学生：あの、先生、今年10単位しか取れなかったんですけど、なんとか来年卒業できるでしょうか？
先生：10単位だけ？　残念ながら、もはや（　　　　　　　　　）。

5

●「N」という立場から言えば／考えれば／見れば。あるいは「N」という考え方／観点から言えば。

Nとしては

本文▶19行目

理念としては女性の社会参加や男女平等は当然の現代、具体的な場面では「女は甘えて男に払わせる」といったステレオタイプが残っているのか検証するのが狙いだ。

1．（言う［事情］）
今後ともよろしくお願いします。プロジェクトを成功させましょうね。（　　　　　　）としては、まず部長に許可を得て、予算を申請してもらうということでいいでしょうか？

2．（言う［意見・状況］）
佐藤：先生、新しいクラスはどうですか？
矢野：私としては、（　　　　　　　　　　　　　　　　）。
佐藤：そうですか。それはいいですね。
矢野：学生から何か意見を聞いていますか？
佐藤：そうですね。学生としては（　　　　　　　　　　　　　　　　）。

6

● 「（文）／N1といった N2」で、N2について具体例（N1）を出すことを表します。例えば本文では、「ステレオタイプ」には色々ありますが、そのうちの一つとして「女は甘えて男に払わせる」があることや、「合理的な判断」として、「女性も飲めれば払う」があるということを表します。書きことば的。

（文）／N1といったN2

> 本文▶19行目
>
> 理念としては女性の社会参加や男女平等は当然の現代、具体的な場面では「女は甘えて男に払わせる」といったステレオタイプが残っているのか検証するのが狙いだ。

1．（紹介する）

12月は（　　　　　　　　　　　　　　　）といったイベントも多く、移動も多くなる季節です。そこで今回は、旅行でおすすめの地方のお弁当を紹介します。

2．（うわさする）

お父さん：健一はどうだ？　ちょっとは反省したかな？
お母さん：（　　　　　　　　　）といった様子ではないみたいだったけど。あいかわらず、なぜ怒られたのか分からないといった感じだわ。

7

● 「〜性」は「〜」のような性質を表します。比較的自由にことばを作ることができます。

〜性

> 本文▶46行目
>
> すると、「人をほめるのがうまい」「人と協力できる」などの「女性性」が優位な学生には割り勘派が多く、「積極的に活動する」「自分の意見は主張する」などの「男性性」が優位な学生には、男性が多く支払うべきだとする傾向が強い、との結果が出たケースが複数あった。

例　重要性／快適性／連続性／必要性／機能性

内容理解

1. この記事にある調査の目的は、何ですか。
2. A：男性が3人とも飲めて、女性が3人とも飲めない
   B：男性が3人とも飲めなくて、女性が3人とも飲める
   このAとBでは、支払いパターンがどのように異なりますか。
   その理由はどのように分析されていますか。
3. 今回の調査結果から、どのような問題が指摘されていますか。
4. ジェンダー・タイプと支払いのパターンの関連について、調査者はどのような仮説を立てていたでしょうか。

▶文法

1

Vべきだ

●常識から考えれば、Vするのが当然です。否定形の場合は、「Vないべきだ」ではなく、「Vべきではない」となります。

本文▶3行目

「男の方が多く払うべき」も健在

1.（聞く）▶（メールで）
初めてのメールで失礼します。
私は〇〇大学の朴と申します。
韓国からの留学生です。先生のところでジェンダーについての勉強がしたいです。（　　　　　）べきでしょうか。
ご連絡をお待ちしています。

２．（否定する［相手の信念］・言う［意見］）

イヴァナ：私は温泉も、すしも、お茶も好きじゃありませんし、試してみたいとも思いません。

安藤：イヴァナさん、それじゃだめよ。せっかく日本に来たのだから、（　　　　　　　　　　）べきよ。

３．（聞く）▶（電話で）

ノリ：あ、今、ナオちゃんの家の近くのスーパーなんだけど、何か（　　　　　　　　　　）べきものある？

ナオ：あ、ノリちゃん、ありがとう〜。ううん。もう準備できてるから大丈夫。手ぶらで来てね。

⦿手ぶら：何も持たないで。

４．（言う［文句］）

村田：昨日のデート、もう最悪だった。

周：なんで？

村田：つきあって１年目の記念日だったのに、いつもとおんなじような居酒屋で、しかもプレゼントもなかったし。記念日だったら（　　　　　　　　　　）べきじゃない？

周：きっと記念日だってこと、忘れてたんじゃないの？

５．（言う［意見］）

酒井：どうしたの、そのけが？

包：先週、バイトの帰りに、バイク乗ってたら、車にぶつかられて。

酒井：お医者さん、行ったの？　ちゃんと治療費払ってもらった？

包：ううん。まだなんだけど…

酒井：だめだよ、ちゃんと（　　　　　　　　　　　　　　）

６．（言う［意見］）

葉：最近、彼女の様子がおかしいんだよね。

ステファン：どんなふうに？

葉：ぼくの前では絶対に携帯をチェックしなくなったんだ。今度、こっそり見てやろうと思ってるんだけど。

ステファン：うーん。いくら恋人でも（　　　　　　　　　　　　　　）

葉：そうかなあ。恋人どうしなら、別に問題ないんじゃない？

ステファン：ぼくは、やっぱり（　　　　　　　　　　）と思うなあ。

2

V1ように（V2）

●「〜ようにお願いします、〜ように言う」などで、「〜」を命令することをお願いする／言うという意味です。

> 本文▶16行目
>
> 酒のよく飲める人、あまり飲めない人の男女の人数を様々に変えた16ケースについて、食事代とは別に考えるよう指示しながら、1人いくらで割ればいいか、同性間の支払額は同額との条件をつけて500円刻みで調べた。

1．（予約する・依頼する）

店員：もしもし。

客：あ、予約したいんですけど、12月13日の木曜日なんですけど、個室は空いていますか。

店員：すみません。個室はもう埋まっておりまして…。窓際なら空いているのですが、そこについたてをたてて、個室のようにしましょうか。

客：では、（　　　　　　　）ようにお願いします。

📎
⊙つきましては：したがって、だから。

２．（依頼する）▶（手紙で）
同窓会では、卒業生の名簿を作成しております。つきましては、現在の住所と勤務先等を教えて（　　　　　　　　）お願いいたします。

３．（注意する）
このごろ、このクラスは、ちょっと私語が目立ちますね。先週の小テストの点数もあまりよくありませんでした。あともう少しで期末試験ですから、来週からは（　　　　　　　　　　　　　　　　）ように！

４．（述べる［願い事］）▶（初もうでのお参りで）
「（　　　　　　　　　　　　　　　　　　）！」

５．（挨拶を書く）▶（年賀状で）
「今年一年が（　　　　　　　　　　　　）」

3 Nとも

●「Nとも」で、Nはどちらも両方、という意味です。Nにはグループを表すような名詞が入ります。

> 本文▶28行目
>
> 例えば、男女とも1人は飲めて2人は飲めないケース。

1．（宣伝する）▶（旅館の広告で）
（　　　　）とも部屋食で
ございます。

2．（言う［状況］）
井上：ねぇねぇ、来週の土曜か日曜暇？
原田：ちょっと待って…えっとね。あ！（　　　　　）とも大丈夫だよ。

3．（褒める）
王＆馬：先生！　私たちのスピーチはどうでしたか？　うまかったですか？
先生：うん。（　　　　　　　）とも、とってもよかったよ。

4．（要求する）
店員：ホットコーヒーか、紅茶をサービスしているんですが、どちらがよろしいですか？
客：（　　　　　　　）ともほしいんですが。
店員：サービスでお出しできるのはどちらかになりますが…。

5．（言う［状況］）▶（切符を買う窓口で）
客：6時35分ののぞみ、名古屋まで指定席、禁煙席で1枚。
係員：少々お待ちください。…6時35分は、（　　　　　　　）とも満席でございますが。

4

さらに

●①「さらに~」で、前に言ったことよりも、程度がもっとよく／悪くなったという意味です。書きことば的。
②それに付け加えて。

> **本文▶32行目**
>
> さらに、男性は3人とも飲めるのに女性は3人とも飲めないケースでは割り勘派は5％にとどまり、…

1．（宣伝する）▶（コマーシャルで）
いつもは1組で1万円の、この羽毛布団、本日は特別に2組で1万円の大サービス！　さらに（　　　　　　　　　　　　　　　）もお付けして、このお値段です。お急ぎください。

2．（描写する）
日本の中学生の学力の世界順位が発表されました。2003年の調査よりもさらに（　　　　　　　　　　　　　　　）、世界15位ということでした。

3．（勧める）▶（携帯電話の販売店で）
店員：こちらの新機種は、いかがでしょうか。先週発売されたばかりで、これまでの機種よりもさらに（　　　　　　　　　　　　　　　）。
かなり売れてますよ。あと、ご家族の方と一緒にお申し込みいただくと、さらに（　　　　　　　　　　　　　　　）。

4．（言う［意見］）
いまや、フリーターやニートの問題に関する議論は珍しくないが、彼らをめぐる状況は、今後さらに（　　　　　　　　　　　　　　　）と考えられる。

5．（言う［意見］）
肖：今のバイト先で、レジのバイトを探してるんだけど。
生田：どんな条件なの？
肖：「未経験可。経験者の場合、さらに（　　　　　　　　　　　　　　　）」って書いてあった。
生田：うーん。どうしようかなあ。

5

〜一方、〜

●「〜一方、…」は、「〜」とは他に「…」ということもあります、という意味です。考え方や意見を比べたりするときに使います。書きことば的。

> 本文▶38行目
>
> 土肥さんは「女性も飲めれば払うといった合理的な判断が働く一方、男性の方が多く払うべきだというジェンダー・ステレオタイプが残されている」と分析。

1．（言う［状況］）
長谷川：また喧嘩したんだって？　本当によくやるよね。
辻：そうなんだよね。もう別れようかな〜って思う一方で、喧嘩するということはやっぱり（　　　　　　　　　　　　　　）。

2．（比較する［考え］）
日本が憲法第9条を改めるということについては、時代に即して考えるべきだという意見がある一方、（　　　　　　　　　　　　　）という意見もある。

3．（言う［意見］）
携帯電話を持つということは、無論便利な面が多いが、その一方、（　　　　　　　　　　　　）ということも否めない。

4．（言う［事情］）
格差問題に関して、若年層の二極化が指摘されている。いわゆる勝ち組は（　　　　　　　　　　）一方、負け組は（　　　　　　　　　　　　）。

5．（説明する）
大学生の就職には、売り手市場の場合と買い手市場の場合があります。売り手市場の時には（　　　　　　　　　　　　）ですが、一方、買い手市場になると（　　　　　　　　　　　　）。

6

また

●前の文で言ったことに、情報を付け加えるときに使います。書きことば的。

> 本文▶44行目
>
> また、60人については、土肥さんらが開発した「ジェンダー・タイプ」（自分の性格を男性的と考えるか、女性的と考えるかの指標）で分けた場合に、支払いパターンがどう違うかも分析した。

１．（断る）▶（ビジネスで）

前川：弊社にいらしていただくか、こちらから伺って説明させていただきたいのですが、明日かあさっての午後はいかがでしょうか。

森：申しわけありません。明日の午後は出張なんです。また、あさっても
（　　　　　　　　　　　　　　　　　　　　　）。

２．（連絡する）▶（メールで）

明日の授業は休講にします。また、（　　　　　　　　　　　　　　）。
皆さんにはご迷惑をおかけします。なお、この２回の休講については、補講を行います。

３．（依頼する）▶（メールで）

チケットのキャンセルの期限は、来週25日の午後5時までとなっておりますので、それまでにご回答をお願いいたします。また、（　　　　　　　　　　　　　　　　　　　　　）場合にも、必ずご連絡くださいますようお願いいたします。

４．（挨拶する）

本日は、お天気が悪い中、また（　　　　　　　　　　　　　）とことろ、弊社の新作発表会にご来場いただき、まことにありがとうございます。

7

Vの／こと／だから
N
Aから
Naの／だから
｝ではなく～

●「…ではなく～」で「…」よりも「～」が大事だという意味です。「…だけでなく～」は、「…」だけでは十分ではないことを、「…からではなく～」は、「…」が理由ではなく「～」が理由だという意味です。

本文▶56行目

今の女子大生にとって、男性たちとうまくつきあうための「女性性」とは、もはや「上手に甘えて払わせる」ことではなく、割り勘だということか。

1．（アドバイスする）
李：先生、どうしたら日本語がうまくなりますか。
先生：（　　　　　　　　　　　）ではなくて、読んだり書いたりすることも大切だと思いますよ。

2．（反論する）
先生：竹下君、また遅刻ですか。寝坊もいい加減にしなさいよ。
竹下：先生、今日は寝坊したんじゃなくて、（　　　　　　　　）。勝手に決めつけないでくださいよ。
先生：何を偉そうなことを言っているんだ！　毎日寝坊するからいけないんだろう！

3．（言う［事情］）
フック：読解の問題って、苦手…
許：レベルが上がると、急に漢字の言葉が多くなってくるもんね。
フック：いや、（　　　　　　　　　　　）からじゃなくて、（　　　　　　　　　　　　　）。
許：うん。聞いたことのない内容だと、特にそうなるよね。

4．（説明する）
レポート作成にあたって、資料を探す際には（　　　　　　　　　　　　　　　）ではなく、面倒でも、図書館などで実際の文献にあたることも必要です。

▶聞く

Disc 2 Tr ▶ 21–28

1	Vべきだ	1. ⓐ ⓑ ⓒ
		ⓐ ⓑ ⓒ
		ⓐ ⓑ ⓒ
		2. ⓐ ⓑ ⓒ
2	V1ように（V2）	1. ⓐ ⓑ ⓒ
		ⓐ ⓑ ⓒ
		2. ⓐ ⓑ ⓒ
3	Nとも	1. ⓐ ⓑ ⓒ
		2. ⓐ ⓑ ⓒ
4	Vの／こと／だから N Aから Naの／だから ｝ではなく〜	1. ⓐ ⓑ ⓒ
		2. ⓐ ⓑ ⓒ

第9課

▶話す

便利な表現

1 まず（は）

1．（述べる［希望］）
国へ帰って、まずしたいことは何ですか？

2．（アドバイスする・説明する）
あなたの国の友達が日本への留学を希望しています。留学する前に必要なことをいくつかアドバイスしてあげてください。

1 Vべきだ

1．（言う［意見］）
最近の子どものマナーについて、どう思いますか？　それについて、あなたはその子どもの両親はどうするべきだと思いますか？　発表してください。

2．（相談する・アドバイスする）
あなたはこのまま今の大学で勉強を続けるかどうか、迷っています。友達に相談してください。相談された人は、大学生としてアドバイスしてあげてください。

2 V1ように（V2）

１．（口止めする）
新しい恋人が出来たあなた。しばらく、付き合っていることを言わないで、とその恋人に言われていたのに、つい、お酒の席で友達に言ってしまいました。その友達に、口止めをしてください。
友達：お！　幸せそうだね〜〜。
あなた：あのさ、そのことなんだけど、（　　　　　　　　　　　　）。

２．（言う［お見舞いのことば］）
あなたの同僚が、今朝から、頭が痛くて熱があるようだと言っています。具合が悪いので、午後から早退することになりました。同僚が帰るときに、ひとこと！
同僚：ごめんね、この忙しい時期に早退して…
あなた：（　　　　　　　　　　　　　　　　　　　　　）。

3 Vの／こと／だから　　　　　　　　　　　　　　　　Ｎ　　　　　　　　　　　　　　　　　　　　　ではなく〜　　　　　　　　　　　　　　　　Ａから　　　　　　　　　　　　　　　　Naの／だから

１．（文句を言う）
今日は宴会です。あなたは幹事です。指導教官の先生の名前、「堤」で予約をしていたはずなのに、「たつみさま」になっています。そして、個室を予約したはずなのに、他のお客さんもいる大部屋に案内されました。ちょっと文句を言いましょう。
あなた：ちょっとすみません。（　　　　　　　　　　　　　　　）。

２．（確認する）
旅館にチェックインして、部屋に入ろうとしたら、いくら押してもドアが開きません。
旅館の人：あ、お客様、こちらのドアは、このように横に…。
あなた：ああ、（　　　　　　　　　　　　　　　　　　　　　）。

▶タスク

1 CDを聞いて答えましょう。

Disc 2 Tr ▶ 29-31

1
- ⓐ ⓑ ⓒ
- ⓐ ⓑ ⓒ

2
- ⓐ ⓑ ⓒ
- ⓐ ⓑ ⓒ
- ⓐ ⓑ ⓒ

3
- ⓐ ⓑ ⓒ
- ⓐ ⓑ ⓒ
- ⓐ ⓑ ⓒ

2 ロールプレイング

あなたの国（地域）では、お金の支払いは男女間でどのようになっていますか？　また、上司と部下、学生と先生、友達同士などで食事をしたときにはどのように支払いますか？　発表してください。他の人が発表している時は、それを聞いてコメントや質問をしてください。

▶書く

　　日本の恋人が割り勘をする、というのは多くの国の人から奇異にうつるらしい。例えば中国では、カップルの場合、男性がお金を払うのは当然のことのようである。それは男をたてるため、男の体面を保たせるため、など様々な理由があるのであろう。そのような考え方の下では、日本の男性は何とケチなのだろう、また、日本の女性は何と健気（けなげ）なのだろう、ということになるだろうか。

　　個人的には、日本では次のように考えられているように思う。すなわち、全額を出し続けられるということは、女性は男性の所属物であり、ある意味で「飼われている」のである。女性は男性からこのような扱いを受けることに耐えられず、自らもお金を払うのだ、と。

　　このように考えるということは、つまり、日本ではたとえカップルであっても、そこに男女の権利、というようなものが意識されるということではないだろうか。中国では、日本よりも男性と女性はより平等であると考えられているそうである。にもかかわらず、男性が払うのが当然であると考えられているのは、恐らく「それとこれとは別」ということなのだろう。このことはアメリカ、カナダなど、多くの男女平等が浸透した国でも言えることのようである。

■上の文章を読んで、あなたの考えを書きなさい。
①カップルの間の男女平等についてどのように考えますか。
②あなたの国では男女平等ですか？　お金の支払いについてはどうですか？
③そして、②の2つの関係はどうなっていると思いますか。

おわりに

　第1巻の全9課を終えられたみなさん、これでこのテキスト全体の半分が終了したことになります。大学生になるために必要なことはいろいろありますが、ここまで勉強してみて「大学」や「学問」に対するイメージが少しでもわいてきたでしょうか。

　実は、このテキストの作成は、こういうものを作ろう！　という明確なモデルがあってスタートしたというわけではありません。むしろ、モデルはないけれどとりあえずやってみる、ということの繰り返しでした。そうしているうちに、今のこのテキストの輪郭がだんだん見えてきました。そして、第1巻の完成にたどりつきました。
　学習の途上にあるみなさんには、徐々に見えてくるものや、まだ見えないものがあるでしょう。
　何かが「見える」というのは、それを意図していたかどうかにかかわらず、一つの到達点です。このテキストの第1巻を終えることも、みなさんの日本語学習における到達点の一つです。ここまで来たみなさんには、何か見えてきたでしょうか。そして、何が見えてきたでしょうか。

　このテキストの作成にあたっては、多くのみなさまにお世話になりました。
　われわれの愚にも付かないようなアイディアに対して、いつも真摯にかつ温かく対応してくださったひつじ書房の松本功房主、われわれの単なる思いつきを即座に仕立て直して具体的な提案をしてくださった板東詩おりさん、どうもありがとうございました。そして作成の様々な過程にかかわっていただいた多くのみなさま、ここにお名前を挙げてお礼を申し上げます。みなさんの熱く厚いご協力がなければ出版にこぎつけることは不可能でした。心から感謝いたします。

●CDに音声をふきこんでくれた俳優さん
　足立誠さん（青年団）、端田新菜さん（青年団）、ミギタ明日香さん（東京タンバリン）、遠藤弘章さん（東京タンバリン）
●CDに音声をふきこんでくれた学生さん
　杉本健太さん、木元友美さん（以上、平成20年度岡山大学文学部卒業生）、本山明恵さん、薮本祐子さん、村上恵美さん（以上、岡山大学文学部4年生［平成21年度現在］）
●CD録音エンジニア
　稲田範紀さん（有限会社 ハイファイブ）
●イラストレーター
　飯山和哉さん、ヒライタカコさん
●デザイナー
　大崎善治さん
●表紙
　志波多加代さん（大津絵画家）

　さて、続く第2巻では、第1巻以上に刺激的な内容を用意してみなさんをお待ちしています。
　見えなかったものが見えるようになることを願いつつ、それまでとはどこか違った自分になることを楽しみましょう。

聴解解答

DISC 1

第1課
- 1　Tr▶2　1：ⓑ
- 　　Tr▶3　2：ⓑ
- 　　Tr▶4　3：ⓒ
- 2　Tr▶5　1：ⓒ
- 　　Tr▶6　2：ⓒ
- 　　Tr▶7　3：ⓒ
- 3　Tr▶8　1：ⓑ
- 　　Tr▶9　2：ⓒ
- 　　Tr▶10　3：ⓒ
- 4　Tr▶11　1：ⓐ
- 　　Tr▶12　2：ⓒ
- 　　Tr▶13　3：ⓑ
- 5　Tr▶14　3：ⓑ
- 　　Tr▶15　1：ⓑ
- 6　Tr▶16　1：ⓐ
- 　　Tr▶17　2：ⓒ
- 　　Tr▶18　3：ⓑ
- 7　Tr▶19　1：ⓐ
- 8　Tr▶20　1：ⓑ
- 9　Tr▶21　1：ⓑ
- 　　Tr▶22　2：ⓒ
- 10　Tr▶23　1：ⓒ
- 　　Tr▶24　2：ⓒ
- 　　Tr▶25　3：ⓒ

第2課
- 1　Tr▶26　1：ⓐ
- 　　Tr▶27　2：ⓐ
- 　　Tr▶28　3：ⓑ
- 2　Tr▶29　1：ⓑ
- 3　Tr▶30　1：ⓒ
- 　　Tr▶31　2：ⓒ
- 4　Tr▶32　1：ⓒ
- 　📄 Tr▶33　1：ⓑ
- 　　　　　　 ⓒ
- 　　　　　　 ⓑ

第3課
- 1　Tr▶34　1：ⓒ
- 2　Tr▶35　1：ⓒ
- 　　Tr▶36　2：ⓒ
- 3　Tr▶37　1：ⓑ
- 　　　　　　 ⓒ

第3課
- 　　　　　　 ⓑ
- 4　Tr▶38　2：ⓑ
- 　　Tr▶39　1：ⓑ
- 　　Tr▶40　2：ⓐ
- 　　　　　　 ⓒ

第4課
- 1　Tr▶41　1：ⓑ
- 　　　　　　 ⓑ
- 　　　　　　 ⓑ
- 　　Tr▶42　2：ⓐ
- 　　　　　　 ⓐ
- 　　　　　　 ⓐ
- 2　Tr▶43　1：ⓒ
- 　　Tr▶44　2：ⓒ
- 　　　　　　 ⓐ

第5課
- 1　Tr▶45　1：ⓒ
- 　　Tr▶46　2：ⓐ
- 　📄 Tr▶47　1：ⓑ
- 　　　　　　 ⓒ

第6課
- 1　Tr▶48　1：ⓑ
- 　　　　　　 ⓒ

DISC 2

第7課
- 1　Tr▶1　1：ⓒ
- 　　　　　 ⓒ
- 　　Tr▶2　2：ⓒ
- 2　Tr▶3　1：ⓒ
- 　　Tr▶4　2：ⓒ
- 3　Tr▶5　1：ⓒ
- 　　Tr▶6　2：ⓒ
- 4　Tr▶7　1：ⓒ
- 　　Tr▶8　2：ⓒ
- 5　Tr▶9　1：ⓐ
- 　　Tr▶10　2：ⓒ
- 　📄 Tr▶11　1：ⓐ
- 　　　　　　 ⓑ
- 　　　　　　 ⓒ

第8課
- 　　　　　　 ⓑ
- 1　Tr▶12　1：ⓒ
- 　　Tr▶13　2：ⓑ
- 2　Tr▶14　1：ⓒ
- 　　Tr▶15　2：ⓒ
- 3　Tr▶16　1：ⓑ
- 　　Tr▶17　2：ⓒ
- 4　Tr▶18　1：ⓐ
- 　　Tr▶19　2：ⓒ
- 　📄 Tr▶20　1：ⓑ
- 　　　　　　 ⓒ
- 　　　　　　 ⓐ

第9課
- 1　Tr▶21　1：ⓑ
- 　　　　　　 ⓒ
- 　　Tr▶22　2：ⓐ
- 2　Tr▶23　1：ⓑ
- 　　　　　　 ⓑ
- 　　Tr▶24　2：ⓒ
- 3　Tr▶25　1：ⓑ
- 　　Tr▶26　2：ⓑ
- 4　Tr▶27　1：ⓑ
- 　　Tr▶28　2：ⓐ
- 　📄 Tr▶29　1：ⓑ
- 　　Tr▶30　2：ⓒ
- 　　　　　　 ⓒ
- 　　　　　　 ⓒ
- 　　Tr▶31　ⓑ
- 　　　　　　 ⓑ
- 　　　　　　 ⓐ

★　Tr▶32
Bonus Track

第5、8課のタスクは、以下をもとに作成しました。

第5課（DISC 1 Tr▶47）
滋賀のニュース（2009年7月9日現在）NHKオンライン　大津放送局（http://www.nhk.or.jp/otsu/）

第8課（DISC 2 Tr▶20）
吉岡忍「オーダーメイド靴を作る」
『ニッポンの心意気　現代仕事カタログ』（2007年）
ちくまプリマー新書（p.89–91）

📄…タスク

文型一覧

第1課	～のは～（という）ことだ ～とは～ことだ、 ～だす ところが つまり～ということだ ～たとしても たとえば それに対して 実は～んだ さえ・すら	第5課	～ている ～とは言えない／言い切れない ～ように ～によると
		第6課	～る上で ～（て）までして ～る一方だ ～た場合に ～ならまだしも
第2課	どんなに／たとえ～ても つい～てしまう そもそも ～わけだ ただ ～かぎり（は）	第7課	～ようとする ところが ～にとって ～だけでなく ～というのは ～なら むしろ
第3課	そこで ～ずつ ～なんて ～ものだ それでも すると ～ながら	第8課	せいぜい ～くらいだ ～わけにはいかない ～ようになる しかも それどころか ～まで ～てしょうがない
第4課	～との～ ～は～に比べて	第9課	～べきだ ～ように～ ～とも さらに 一方 また ～のではなく

177

機能索引

（例）1-2-3＝1課 - 文法2 - 例文3

●学校

アドバイスする
　　…3-2-2（p.63）
　　…9-7-1（p.168）
言い訳する
　📖…1-2-1（p.41）
依頼する
　📖…1-2-2（p.41）
　　…3-1-2（p.62）
うわさする
　💡…1-1-1（p.19）
　　…3-3-2（p.64）
確認する
　　…2-4-1（p.52）
　🗨…4-1-2（p.82）
　　［学生課の掲示板で］
感謝する
　　…8-4-1（p.142）
苦情 ┌に対応する
　　│　…1-5-1（p.26）
　　└を言う
　　　　…1-5-1（p.26）
決意を宣言する
　　…3-5-1（p.66）
限定する
　　…2-5-1（p.53）
答える
　　…3-2-1（p.63）
雑談する
　　…1-4-3（p.25）
指示する
　　…6-1-1（p.105）
　💡…9-1-1（p.156）
　　┌言う
　　│　…7-5-2（p.124）
事情を┤打ち明ける
　　│🗨…1-7-2（p.39）
　　└説明する
　　　　…2-2-3（p.50）
　🗨…2-1-2（p.55）

自慢する
　💡…4-4-1（p.78）
修正する
　　…2-5-2（p.53）
出題する
　　…3-2-1（p.63）
状況を言う
　　…5-1-4（p.90）
　　…7-7-2（p.126）
　💡…8-5-1（p.138）
条件を言う
　　…2-6-1（p.54）
心配する
　　…1-1-4（p.21）
推論する
　　…2-4-1（p.52）
ストーリーを話す
　📖…3-1-1（p.72）
嘆願する
　　…8-3-1（p.141）
注意する
　　…5-3-2（p.92）
　　…9-2-4（p.163）
忠告する
　　…3-5-1（p.66）
伝言する
　　…4-1-1（p.82）
励ます
　　…1-6-①（p.28）
　　…7-3-1（p.121）
発表する
　🗨…1-7-3（p.39）
反論する
　🗨…5-3-2（p.95）
　　…9-7-2（p.168）
非難する
　　…1-10-3（p.33）
　💡…2-1-1（p.47）
批判する
　💡…4-4-1（p.78）
秘密を打ち明ける

　🗨…1-7-1（p.39）
報告する
　🗨…5-2-2（p.95）
褒める
　　…3-3-2（p.64）
　　…9-3-3（p.164）
間違いを指摘する
　💡…6-5-2（p.104）
文句を言う
　　…1-8-1（p.30）
理由を説明する
　　…8-8-1（p.146）
例示する
　　…1-7-1（p.29）
連絡する
　💡…9-1-1（p.156）

●会社・ビジネス

挨拶する
　　…9-6-4（p.167）
言いにくいことを切り出す
　　…1-5-4（p.26）
お見舞いを言う
　　…9-2-2（p.171）
決意を表明する
　　…1-6-3（p.28）
時事について話す
　　…3-5-2（p.66）
事情を言う
　　…7-4-3（p.123）
条件を言う
　　…6-4-1（p.108）
接客する
　💡…7-1-1（p.117）
想像する
　　…1-5-9（p.27）
相談する
　　…8-3-5（p.141）
頼む
　　…1-9-5（p.32）

178　💡…便利な表現　📖…タスク　🗨…話す　※アイコンがついていないものは「文法」です。

伝言する
　…4-1-1（p.79）
非難する
　💡…2-1-1（p.47）
予定を言う
　💡…7-2-2（p.117）

●病院

症状を説明する
　…1-3-3（p.24）
　…1-10-7（p.34）
　🗨…1-3-1（p.37）
　…5-2-1（p.89）
診断する
　…5-3-1（p.92）

●図書館

注意する
　…1-2-5（p.23）

●市役所

手順を説明する
　…1-6-1（p.28）

●店

知らせる
　💡…5-1-1（p.88）
　　［案内文で］
勧める
　…9-4-3（p.165）
　　［電話の販売店で］
接客する
　💡…7-1-1（p.117）
文句を言う
　🗨…1-1-1（p.36）
　…9-3-1（p.171）
要求する
　…9-3-4（p.164）

●アルバイト先

けいこく
警告する

　…2-6-3（p.54）
条件を言う
　…7-6-1（p.125）

●家

事情を言う
　…7-3-4（p.121）

●車

現場の状況を描写する
　…1-3-2（p.24）
相談する
　…1-3-2（p.24）

●旅先

確認する
　🗨…9-3-2（p.171）

●手紙

あいさつ
挨拶する
　…8-4-3（p.142）
依頼する
　💡…9-2-2（p.156）

●メール

あやま
謝る
　💡…7-2-1（p.117）
依頼する
　…9-6-3（p.167）
聞く
　…9-1-1（p.160）
連絡する
　…9-6-2（p.167）

●電話

依頼する
　…7-1-1（p.118）
　…9-2-1（p.162）
誤解だということを説明する
　🗨…1-1-2（p.36）

断る
　…9-6-1（p.167）
　　［ビジネスで］
指示する
　…9-2-3（p.163）
状況を言う
　…7-1-3（p.119）
電話する
　🗨…1-1-2（p.36）
部屋を探す
　📄…4-1-1（p.83）
予約する
　…9-2-1（p.162）
予約を断る
　…1-2-6（p.23）

●インターネット

評価する
　…5-2-1（p.91）

●テレビ

宣伝する
　…9-4-1（p.165）
　　［コマーシャルで］
ニュース番組でコメントする
　…5-4-2（p.93）

●広告

紹介する
　💡…9-6-1（p.159）
宣伝する
　…9-3-1（p.164）
　　［旅館の広告で］

●スピーチ・解説

意見を言う
　…1-5-2（p.26）
　💡…5-3-②（p.89）
　💡…6-2-2（p.102）
　…9-4-4（p.165）
考えを比較する
　…9-5-2（p.166）

179

環境について述べる
- 💡 …6-1-1（p.102）
- 💡 …9-4-1（p.157）

比べる
- …4-2-3（p.80）

結論を述べる
- …2-4-4（p.52）

ことばの意味を説明する
- …1-5-8（p.27）

事故を描写する
- 💡 …6-2-1（p.102）

社会の状況を説明する
- …4-1-3（p.79）

修正する
- …2-5-5（p.53）

主張する
- …1-1-2（p.21）

状況を ┌ 言う
│　　　💡 …5-1-3（p.88）
├ 比べる
│　　　…1-8-2（p.30）
└ 説明する
　　　💡 …1-2-2（p.19）

常識について説明する
- …1-5-7（p.27）

説明する
- …9-5-5（p.166）
- …9-7-4（p.168）

ダイエットについて説明する
- …1-4-2（p.25）

違いを解説する
- …1-8-3（p.31）

注意する
- …2-6-4（p.54）

定義する
- …1-2-2（p.22）

描写する
- …8-2-1（p.140）

文化について説明する
- …1-5-6（p.27）

歴史的事実を説明する
- …1-1-1（p.21）

●友人

相手の信念を否定する
- …1-4-6（p.25）
- …9-1-2（p.161）

アドバイスする
- …1-5-2（p.38）
- …5-1-1（p.94）
- 💡 …6-4-2（p.103）
- …7-3-1（p.129）
- …8-2-3（p.140）
- 🗣 …9-1-2（p.170）

謝（あやま）る
- …1-9-6（p.32）

言い訳する
- 💡 …1-2-3（p.19）
- …2-2-1（p.50）

意見を言う
- …6-5-1（p.109）
- …9-1-5（p.161）

意志を聞く
- …3-5-3（p.66）

依頼する
- …3-2-3（p.63）

祝う
- …8-2-6（p.140）

うわさする
- 🗣 …3-3-1（p.71）
- …5-4-1（p.93）

仮定する
- 💡 …1-3-1（p.20）
- …1-7-7（p.30）

感想を言う
- …3-4-3（p.65）

気持ちを言う
- …3-5-3（p.66）

強調する
- …2-1-1（p.49）

口止めする
- 🗣 …9-2-1（p.171）

愚痴（ぐち）を言う
- …8-5-2（p.143）

計画する
- …1-2-3（p.41）

原因について質問する
- …2-3-1（p.51）

喧嘩（けんか）する
- …1-1-5（p.21）

断る
- …5-1-3（p.90）

誘う
- …5-2-3（p.91）

雑談する
- …1-3-1（p.23）
- …1-3-6（p.24）
- 💡 …4-1-3（p.76）

指示する
- …3-1-1（p.62）

事情を言う
- …7-7-1（p.126）

自慢する
- …8-5-3（p.143）

社会の事情を言う
- …7-3-2（p.121）

就職について話す
- 🗣 …5-3-4（p.92）

主張する
- …5-1-2（p.94）
- …7-5-4（p.124）
- 💡 …8-2-2（p.136）

状況を言う
- …6-3-2（p.107）
- 💡 …7-1-2（p.117）
- …7-4-2（p.123）
- …7-5-1（p.124）
- …7-7-2（p.126）
- …8-2-2（p.140）
- …8-2-4（p.140）
- …9-5-1（p.166）

条件を言う
- 💡 …5-1-2（p.88）

食事に誘う
- …8-5-1（p.143）

説得する
- 💡 …5-3-①（p.89）
- …5-2-3（p.91）
- …8-3-3（p.141）

責める
- …1-1-5（p.21）

相談する
- …1-9-8（p.32）
- …3-3-3（p.64）
- 💡 …6-5-1（p.104）
- …8-2-3（p.140）
- 🗣 …9-1-2（p.170）

180　💡 …便利な表現　📕 …タスク　🗣 …話す　※アイコンがついていないものは「文法」です。

確かめる
🐝…5-3-1（p.95）
注意する
🐝…1-6-②（p.28）
忠告する
　　…1-3-6（p.24）
🐝…6-2-1（p.111）
提案する
　　…1-7-5（p.29）
止める
　　…1-6-②（p.28）
　　…3-3-3（p.64）
なだめる
🐝…1-5-1（p.38）
納得する
💡…1-2-4（p.20）
のろける
　　…8-5-3（p.143）
励ます
　　…1-10-6（p.34）
反論する
　　…3-3-1（p.64）
💡…5-3-①（p.89）
　　…7-2-1（p.128）
引き止める
　　…8-3-3（p.141）
非難する
　　…3-3-1（p.64）
　　…3-4-1（p.65）
　　…8-3-3（p.141）
秘密を打ち明ける
　　…1-9-3（p.32）
文化について ┌ 聞く
　　　　　　│　…8-7-1（p.145）
　　　　　　└ 説明する
　　　　　　　　…8-7-1（p.145）
抱負(ほうふ)を言う
🐝…5-2-1（p.95）
文句を言う
　　…8-5-2（p.143）
　　…9-1-4（p.161）
予定を打ち合わせる
　　…8-3-4（p.141）

理由を ┌ 言う
　　　 │　…7-4-1（p.122）
　　　 └ 説明する
　　　 　　…1-3-5（p.24）

●恋人
言い訳する
　　…1-2-3（p.19）
説得する
🐝…3-4-1（p.71）
責める
　　…8-7-3（p.145）
提案する
　　…2-6-2（p.54）
デートの予定を決める
　　…1-7-8（p.30）
問いただす
　　…1-5-10（p.27）

●親
叱る
　　…7-3-6（p.122）

●物語
描写する
　　…3-6-1（p.67）

●その他の場面
相手のことについて聞く
💡…8-1-1（p.136）
意見を言う
🐝…1-6-2（p.39）
エピソードを話す
🐝…1-6-2（p.39）
🐝…3-2-1（p.70）
📄…3-1-2（p.72）
希望を述べる
🐝…9-1-1（p.170）
比べる
📄…1-1-2-3（p.40）
交渉する
🐝…7-3-2（p.129）

説得する
💡…8-2-1（p.136）
定義する
🐝…1-2-2（p.37）
🐝…1-2-2-2（p.40）

181

語彙索引

●あ

アイデア【アイデア】
　…1（p.26）
　　　3（p.64）
あいまい【曖昧】
　…1（p.19, 29）
　　　7（p.114, 115）
あかじ【赤字】
　…1（p.28）
あきれる【呆れる】
　…6（p.102）
あたる【あたる】
　…9（p.168）
アドバイザー【アドバイザー】
　…4（p.74, 75）
あふれる【あふれる】
　…7（p.114, 115）
アプローチ(する)
【アプローチ(する)】
　…6（p.98, 101）
あまえる【甘える】
　…9（p.152, 154, 155, 157, 158, 159, 168）
あらためる【改める】
　…2（p.54）
あるいは【あるいは】
　…1（p.16, 18）
　　　6（p.101）
アンケート【アンケート】
　…4（p.74, 75, 77）
　　　6（p.98, 100）
いいつけ【いいつけ】
　…3（p.60, 61）
いいわけ(する)
【言い訳(する)】
　…1（p.16, 18）
いがい【意外】
　…1（p.25, 39）
　　　2（p.45, 46）
いがい【以外】

　…2（p.45, 49）
　　　9（p.152, 154）
いきぬき【息抜き】
　…6（p.107）
いご【以後】
　…2（p.54）
いこう【以降】
　…5（p.86, 87）
いし【意志】
　…2（p.44, 45, 46, 50）
いじ(する)【維持(する)】
　…9（p.152, 155）
いしき(する)【意識(する)】
　…2（p.44, 45, 46）
　　　5（p.93）
　　　7（p.115）
　　　9（p.173）
いぞん(する)【依存(する)】
　…4（p.74, 75）
　　　5（p.87）
いっけん【一見】
　…9（p.152, 155）
いっそう【一層】
　…5（p.93）
いっち(する)【一致(する)】
　…1（p.16, 17, 18）
いっぱんの【一般の】
　…1（p.16, 17, 19）
いっぽう【一方】
　…2（p.45）
　　　6（p.100, 107）
　　　7（p.114）
　　　9（p.153, 155, 159, 166）
いっぽうてきに【一方的に】
　…4（p.74, 75）
いどう(する)【移動(する)】
　…9（p.159）
いなめない【否めない】
　…9（p.166）
いまどきの【今どきの】
　…9（p.152, 154）

いまにしておもえば
【今にして思えば】
　…6（p.98, 100）
イメージ(する)
【イメージ(する)】
　…1（p.16, 17, 19, 42）
いらい【以来】
　…8（p.135）
いんしょう【印象】
　…5（p.86, 87）
いんよう(する)【引用(する)】
　…5（p.95）
うかがう【伺う】
　…7（p.117）
　　　8（p.142）
　　　9（p.167）
うかぶ【浮かぶ】
　…1（p.22）
うすれる【薄れる】
　…6（p.98, 100, 107）
うたがう【疑う】
　…1（p.20）
うりて【売り手】
　…9（p.166）
うわき(する)【浮気(する)】
　…1（p.37）
　　　3（p.64, 66）
　　　6（p.109）
　　　7（p.129）
えいえんに【永遠に】
　…1（p.16, 17, 18, 20）
えいこく【英国】
　…6（p.98, 100, 101, 102）
えつらん(する)【閲覧(する)】
　…2（p.54）
おいしいはなし【おいしい話】
　…6（p.98, 101, 106, 108）
おいて【おいて】
　…1（p.18）
　　　4（p.78）
　　　7（p.114, 116）

182　　※数字は課の番号です。

おうべいしょこく【欧米諸国】
　…5（p.86, 87）
おこなう【行う】
　…1（p.16, 17）
おごる【おごる】
　…9（p.152, 154, 155）
おさえる【抑える】
　…8（p.135, 138, 144, 145）
おしむ【惜しむ】
　…1（p.34）
おすすめ（する）
【おすすめ（する）】
　…9（p.159）
おせじ【お世辞】
　…5（p.94）
おちいる【陥いる】
　…6（p.98, 100）
おやこうこうな【親孝行な】
　…3（p.60, 61）
およぶ【及ぶ】
　…2（p.44, 45）
おんど【温度】
　…4（p.80）
　　6（p.107）
　　8（p.135）

●か

カード【カード】
　…2（p.52）
　　4（p.78）
　　6（p.98, 100）
かいけつ（する）【解決（する）】
　…1（p.21, 25）
　　2（p.49）
　　8（p.135）
かいせい（する）【改正（する）】
　…9（p.166）
かいて【買い手】
　…9（p.166）
かいとう【回答】
　…9（p.152, 155, 167）
かう【飼う】
　…9（p.173）
かがいしゃ【加害者】
　…7（p.129）

がかりで【がかりで】
　…8（p.132, 135）
かかる【かかる】
　…8（p.145, 152, 154）
かかわる【かかわる】
　…8（p.141）
かくうの【架空の】
　…6（p.98, 100）
かくさ【格差】
　…9（p.166）
かくとく（する）【獲得（する）】
　…6（p.99, 101）
ガス【ガス】
　…8（p.132, 134）
かせつ【仮説】
　…1（p.17）
　　9（p.152, 155, 160）
かだい【課題】
　…8（p.135）
かたづける【片づける】
　…7（p.114, 115, 117）
かたほう【片方】
　…3（p.60, 61, 63, 64）
かつて【かつて】
　…6（p.99, 101）
カップル【カップル】
　…9（p.173）
かのうになる【可能になる】
　…8（p.132, 134）
かぶ【株】
　…6（p.98, 101）
かまわない【かまわない】
　…1（p.16, 18, 20, 31）
がまん（する）【がまん（する）】
　…3（p.60, 61, 66）
かもく【科目】
　…6（p.98, 100, 102）
から【空】
　…7（p.114, 115, 117）
かんかく【感覚】
　…2（p.44, 45）
　　5（p.89, 91）
　　8（p.133, 135, 146）
カンカン【カンカン】
　…6（p.110）
かんきょう【環境】

　…5（p.89）
　　6（p.98, 101）
かんさつ（する）【観察（する）】
　…1（p.16, 18）
かんじ【幹事】
　…3（p.70）
　　7（p.117）
　　9（p.171）
かんだいな【寛大な】
　…2（p.44, 45）
かんぱい（する）【乾杯（する）】
　…7（p.114, 115）
かんり（する）【管理（する）】
　…5（p.86, 87）
　　8（p.135）
きい【奇異】
　…9（p.173）
きおん【気温】
　…8（p.132）
きかい【機械】
　…1（p.30）
　　8（p.135）
きかい【機会】
　…6（p.98, 100, 107）
ききいれる【聞き入れる】
　…3（p.60, 61）
きく【利く】
　…2（p.48）
きげん【期限】
　…9（p.167）
きざみで【刻みで】
　…9（p.152, 154, 162）
きしゅ【機種】
　…9（p.165）
ぎじゅつ【技術】
　…1（p.30）
　　2（p.49）
　　8（p.134, 135）
きたない【汚い】
　…6（p.98, 101）
きっかけ【きっかけ】
　…4（p.74, 75, 76）
きになる【気になる】
　…5（p.86, 87, 93）
　　8（p.140, 149）

183

きのう（する）【機能（する）】
　…5（p.92）
　　9（p.159）
きぶん【気分】
　…8（p.134, 143）
きほんてきな【基本的な】
　…6（p.98, 100）
きめつける【決めつける】
　…9（p.168）
ぎもんし（する）【疑問視（する）】
　…6（p.98, 100）
ぎゃくに【逆に】
　…9（p.152, 154）
キャッシュレス
【キャッシュレス】
　…6（p.98, 100, 107）
キャラクター【キャラクター】
　…4（p.74, 87）
キャンセル（する）
【キャンセル（する）】
　…6（p.108）
　　8（p.141）
　　9（p.167）
きゅうこう【休講】
　…5（p.90）
　　9（p.167）
きゅうそくに【急速に】
　…6（p.98, 100, 107）
きょうかん（する）【共感（する）】
　…4（p.74）
きょうつうして【共通して】
　…4（p.74, 75, 77）
　　7（p.116）
きょうゆう（する）【共有（する）】
　…2（p.44, 45）
きょうりょく（する）
【協力（する）】
　…4（p.74, 75）
　　9（p.152, 155, 159）
きょがく【巨額】
　…3（p.71）
きょり【距離】
　…1（p.27）
　　7（p.116, 126）
ぎろん（する）【議論（する）】
　…3（p.64）

　　9（p.165）
きんえんせき【禁煙席】
　…9（p.164）
きんむさき【勤務先】
　…9（p.163）
くじょう【苦情】
　…2（p.57）
クジラ【クジラ】
　…8（p.132, 134, 142）
ぐたいてきな【具体的な】
　…1（p.27, 39）
　　6（p.98, 101, 108）
　　8（p.135）
　　9（p.154, 158, 159）
くちどめ（する）【口止め（する）】
　…9（p.171）
くばる【配る】
　…6（p.105）
くふう（する）【工夫（する）】
　…5（p.86, 87, 92）
　　8（p.134, 135, 139, 140）
くべつ（する）【区別（する）】
　…1（p.16, 18, 20）
ぐんぐん【ぐんぐん】
　…5（p.95）
けいえん（する）【敬遠（する）】
　…6（p.98, 101）
けいこう【傾向】
　…4（p.74, 75, 78）
　　5（p.88, 89, 98, 101）
　　9（p.152, 155, 159）
けいざい【経済】
　…1（p.42）
　　6（p.98, 100, 101, 103）
　　7（p.116）
けいじ（する）【掲示（する）】
　…4（p.82）
けいたいでんわ【携帯電話】
　…1（p.20, 22, 31）
　　2（p.46）
　　5（p.92）
　　6（p.98, 100, 108）
　　7（p.128）
　　8（p.146）
　　9（p.166）
げた【下駄】

　…3（p.60, 61, 62, 63, 64）
けっか【結果】
　…1（p.17, 18, 21, 26, 28）
　　2（p.45）
　　4（p.75, 78）
　　5（p.89, 93）
　　7（p.125）
　　9（p.154, 155, 159, 160）
けっこんひろうえん
【結婚披露宴】
　…8（p.132, 134）
けっして【決して】
　…3（p.60, 61）
けってい（する）【決定（する）】
　…4（p.79）
　　9（p.152, 154）
けっていてき【決定的】
　…1（p.17, 19, 20）
けなげ【健気】
　…9（p.173）
けむり【煙】
　…8（p.132, 135, 138, 144, 145）
けんかりょうせいばい
【喧嘩両成敗】
　…5（p.91）
けんきゅう（する）
【研究（する）】
　…7（p.116, 117）
　　8（p.134, 135, 137, 141, 143, 146）
げんじつてきな【現実的な】
　…5（p.86, 87, 88, 89）
げんじょう【現状】
　…4（p.74, 75）
けんちょな【顕著な】
　…9（p.152, 155）
けんとう（する）【検討（する）】
　…1（p.27）
　　9（p.152, 155）
げんめん（する）【減免（する）】
　…4（p.79）
けんり【権利】
　…9（p.173）
こういてきな【好意的な】
　…9（p.152, 155）

184　　※数字は課の番号です。

こうか【効果】
　…8（p.134, 135, 138, 143, 144, 145）
こうきょう【公共】
　…2（p.44, 45, 49）
　　6（p.100）
こうげきてきな【攻撃的な】
　…5（p.86, 87）
こうざ【口座】
　…6（p.100, 111）
こうどな【高度な】
　…2（p.44, 45）
こうふく【幸福】
　…2（p.54）
ごうりてきな【合理的な】
　…9（p.152, 155, 159, 166）
ごかい(する)【誤解(する)】
　…1（p.36）
こきゃく【顧客】
　…6（p.99, 101）
こきょう【故郷】
　…8（p.132, 134）
こしつ【個室】
　…2（p.46）
　　9（p.162）
こせい【個性】
　…1（p.40）
こっそり【こっそり】
　…9（p.161）
ことわざ【諺】
　…1（p.37）
こわす【壊す】
　…8（p.148）
コンパ【コンパ】
　…3（p.70）
　　9（p.152, 154）
コンビニ【コンビニ】
　…8（p.146）
こんやく(する)【婚約(する)】
　…8（p.141）

●さ

サービス(する)
【サービス(する)】
　…9（p.164, 165）

さいばん【裁判】
　…7（p.129）
さいよう(する)【採用(する)】
　…7（p.125）
さがす【探す】
　…8（p.135）
さからう【さからう】
　…3（p.60, 61）
さぎ【詐欺】
　…6（p.98, 100）
さぐる【探る】
　…4（p.74, 75）
さける【避ける】
　…6（p.98, 101）
さす【指す】
　…1（p.20, 27）
さす【刺す】
　…5（p.86, 87）
さべつ(する)【差別(する)】
　…1（p.26, 39）
　　9（p.155）
サラリーマン【サラリーマン】
　…6（p.98, 100）
ざんぎょう(する)
【残業(する)】
　…8（p.139）
さんそ【酸素】
　…8（p.135）
しかく【資格】
　…5（p.96）
じき【時期】
　…8（p.132, 134）
　　9（p.154, 171）
しきゅう(する)【支給(する)】
　…6（p.99, 101, 104）
しくみ【仕組み】
　…6（p.98, 100, 101）
しご【私語】
　…9（p.163）
じこ【事故】
　…6（p.102）
　　7（p.129）
しこうさくご【試行錯誤】
　…6（p.99, 101）
じごうじとく【自業自得】
　…8（p.145）

じこかんり【自己管理】
　…5（p.86, 87, 92）
しじ(する)【支持(する)】
　…1（p.16, 17, 26, 28）
　　2（p.48）
じじつむこん【事実無根】
　…5（p.93）
じぜん【事前】
　…6（p.105）
したたかな【したたかな】
　…9（p.152, 155）
じだん【示談】
　…7（p.129）
じっけん(する)【実験(する)】
　…1（p.16, 17, 18, 19, 26, 28, 33）
　　9（p.154, 156）
じっし(する)【実施(する)】
　…6（p.98, 100）
　　9（p.152, 154, 156）
じっせん(する)【実践(する)】
　…6（p.98, 100, 101, 104）
していせき【指定席】
　…9（p.164）
してき(する)【指摘(する)】
　…4（p.74, 75, 77）
　　5（p.95）
　　9（p.160, 166）
しどう(する)【指導(する)】
　…1（p.38）
　　4（p.74, 75）
　　9（p.171）
じどうてきな【自動的な】
　…1（p.26）
しひょう【指標】
　…4（p.74, 75）
　　5（p.90）
　　9（p.155）
しぼる【搾る】
　…8（p.132, 134, 142）
しめす【示す】
　…1（p.16, 17, 26, 28）
　　9（p.152, 154）
しめる【占める】
　…9（p.152, 154）

185

しゃかいこうぞう【社会構造】
　…9（p.152, 155）
しゅうかつ(する)
【就活(する)】
　…5（p.92）
　6（p.103）
しゅうきょう【宗教】
　…1（p.16, 18, 30, 40）
じゅうじゅう【重々】
　…2（p.54）
じゆうな【自由な】
　…8（p.135）
しゅうにゅう【収入】
　…6（p.99, 101）
じゅうよう【重要】
　…1（p.21）
　9（p.159）
しゅうり(する)【修理(する)】
　…1（p.36）
　8（p.142, 149）
しゅくはく【宿泊】
　…6（p.108）
じゅこう(する)【受講(する)】
　…8（p.139）
しゅちょう(する)
【主張(する)】
　…1（p.18, 21）
　7（p.116）
　9（p.155, 159）
じゅみょう【寿命】
　…1（p.22）
じゅんい【順位】
　…9（p.165）
じゅんび(する)【準備(する)】
　…1（p.32）
　9（p.161）
しょうかい(する)【紹介(する)】
　…1（p.37）
　4（p.83）
　7（p.115）
　8（p.135, 148）
　9（p.159）
じょうきょう【状況】
　…4（p.74, 75, 77）
　6（p.101, 103）
　9（p.165）

しょうこ【証拠】
　…6（p.109）
しょうさい【詳細】
　…4（p.82）
しょうじょう【症状】
　…1（p.37）
しょうみきげん【賞味期限】
　…1（p.28）
しょうめい(する)
【証明(する)】
　…1（p.16, 17, 18, 19, 20）
しょき【初期】
　…8（p.132, 134）
しょくば【職場】
　…2（p.52）
　5（p.91）
しょぞく(する)【所属(する)】
　…7（p.115, 120, 121）
　9（p.173）
ショック【ショック】
　…6（p.109）
しょるい【書類】
　…1（p.28）
　4（p.82）
　8（p.144）
しらんかお【知らん顔】
　…6（p.98, 101）
しんこく【深刻】
　…7（p.123）
しんせい(する)【申請(する)】
　…9（p.158）
しんとう(する)【浸透(する)】
　…9（p.173）
じんぶつ【人物】
　…8（p.132, 134）
しんらいせい【信頼性】
　…2（p.44, 45）
す【巣】
　…8（p.132, 134, 142）
すいせんじょう【推薦状】
　…4（p.79）
すすむ【進む】
　…1（p.30）
　8（p.132, 134）
すすめる【すすめる】
　…3（p.60, 61）

9（p.159）
すっかり【すっかり】
　…3（p.60, 61）
　4（p.74, 75）
ストレス【ストレス】
　…1（p.24）
　2（p.46, 51）
　6（p.107）
すなおな【すなおな】
　…3（p.60, 61）
すらすら【すらすら】
　…1（p.34）
ずれる【ずれる】
　…7（p.114, 116）
せいこう【成功】
　…1（p.26）
　8（p.134, 137, 143）
　9（p.158）
せいさべつ【性差別】
　…9（p.152, 155）
せいさん【生産】
　…8（p.132, 134, 135）
せいじつな【誠実な】
　…7（p.114, 115, 116, 125）
せいしょ(する)【清書(する)】
　…7（p.120）
せいぞう【製造】
　…8（p.132, 134, 139, 140）
せきにん【責任】
　…3（p.71）
せきゆ【石油】
　…8（p.134, 137）
セキュリティ【セキュリティ】
　…5（p.92）
せっきゃく(する)
【接客(する)】
　…2（p.57）
せっきょくてきな【積極的な】
　…6（p.98, 100）
　7（p.114, 115）
せつやく(する)【節約(する)】
　…5（p.89）
せめる【責める】
　…4（p.75）
ぜんがく【全額】
　…6（p.108）

※数字は課の番号です。

9（p.173）
せんきょ【選挙】
　…5（p.93）
　　8（p.136）
ぜんてい【前提】
　…1（p.31）
せんもんか【専門家】
　…5（p.87, 88）
　　7（p.126）
ぞうり【ぞうり】
　…3（p.60, 61, 62, 63, 64）
そくする【即する】
　…9（p.166）
そそぐ【注ぐ】
　…7（p.114, 115）
そだてる【育てる】
　…8（p.132, 134）
そっちょくな【率直な】
　…7（p.114, 115）
そのば【その場】
　…9（p.152, 155）
そもそも【そもそも】
　…2（p.44, 46, 51）
　　8（p.132, 134）
そん（する）【損（する）】
　…9（p.152, 154）
そんけい（する）【尊敬（する）】
　…1（p.38）

●た

ダイエット（する）
【ダイエット（する）】
　…1（p.22）
　　2（p.50, 55）
　　7（p.120）
　　8（p.143）
たいきん【大金】
　…3（p.60, 61）
たいけん（する）【体験（する）】
　…3（p.70）
たいしょうてきな【対照的な】
　…1（p.31）
たいしょく（する）【退職（する）】
　…1（p.32）
だいじん【大臣】

　…6（p.102）
だいたい【大体】
　…2（p.53）
タイトル【タイトル】
　…6（p.109）
たいめん【体面】
　…9（p.173）
たいりょう【大量】
　…8（p.132, 134）
たえる【耐える】
　…2（p.46）
　　9（p.173）
たつ【経つ】
　…1（p.33）
たほう【他方】
　…7（p.115, 116）
たまる【たまる】
　…2（p.46, 51, 52）
　　8（p.132, 134, 142）
ためす【試す】
　…9（p.161）
ダメな【ダメな】
　…6（p.98, 101）
たんそ【炭素】
　…8（p.132, 135）
たんなる【単なる】
　…5（p.93）
チェック（する）
【チェック（する）】
　…9（p.161）
ちきゅうおんだんか
【地球温暖化】
　…1（p.38）
　　6（p.102, 107）
　　8（p.138）
　　9（p.157）
ちくせき（する）【蓄積（する）】
　…6（p.98, 100）
ちじ【知事】
　…5（p.93）
ちてきな【知的な】
　…1（p.16, 18）
ちゅうしょうてきな【抽象的な】
　…8（p.133）
ちょう【丁】
　…6（p.98, 100）

ちょちく（する）【貯蓄（する）】
　…6（p.99, 101）
ちりょう（する）【治療（する）】
　…9（p.161）
ついやす【費やす】
　…5（p.86, 87, 89, 91）
つうじる【通じる】
　…2（p.44, 45）
つきあう【つきあう】
　…9（p.152, 155, 157, 161, 168）
つきつめる【つきつめる】
　…1（p.16, 18）
つとめる【務める】
　…4（p.74, 75）
　　8（p.135）
つながる【つながる】
　…7（p.118）
　　9（p.152, 155）
つねに【常に】
　…1（p.16, 17, 18, 22）
つめたい【冷たい】
　…7（p.124）
ていあん（する）【提案（する）】
　…1（p.27, 41）
　　2（p.48）
ていいん【定員】
　…5（p.88）
ていぎ（する）【定義（する）】
　…1（p.16, 17, 18, 19, 23, 40）
ていちゃく（する）【定着（する）】
　…4（p.74, 75）
データ【データ】
　…1（p.17）
　　2（p.54）
　　5（p.95）
テーマ【テーマ】
　…3（p.64）
　　6（p.109）
　　7（p.124）
でんとう【伝統】
　…1（p.40）
　　9（p.156）
てんねん【天然】
　…8（p.132, 134, 142）

187

どうがく【同額】
　…9（p.152, 154, 162）
どうしても【どうしても】
　…1（p.38）
　　4（p.76）
　　8（p.139）
とうじょう(する)【登場(する)】
　…4（p.75）
　　5（p.87）
どうせい【同性】
　…9（p.152, 154, 162）
とうぜん【当然】
　…1（p.34）
　　2（p.52）
　　9（p.152, 154, 158, 159, 173）
どうそうかい【同窓会】
　…9（p.163）
どうていど【同程度】
　…9（p.152, 154, 156）
とかす【溶かす】
　…8（p.132, 134, 137, 142, 143）
とく【解く】
　…1（p.34, 36）
　　2（p.45）
　　7（p.121）
　　9（p.156）
とく(する)【得(する)】
　…9（p.152, 154, 155）
どくしん【独身】
　…8（p.136）
どくそうてきな【独創的な】
　…1（p.26）
とくちょう【特徴】
　…1（p.29）
　　4（p.77）
どくとくの【独特の】
　…8（p.135, 138, 144, 145）
とまる【泊まる】
　…5（p.91）
　　6（p.104）
ドライブ(する)
【ドライブ(する)】
　…8（p.144）
トラブル【トラブル】

　…6（p.98, 100, 102, 112）
とりいれる【取り入れる】
　…6（p.98, 100, 102）

●な

ないしょ【内緒】
　…2（p.50）
なおる【治る】
　…8（p.140）
なかでも【なかでも】
　…5（p.86, 87）
なりたつ【成り立つ】
　…6（p.99, 101）
におい【匂い】
　…8（p.132, 134, 135, 138, 141, 144, 145）
にきょくか(する)
【二極化(する)】
　…9（p.166）
にさんかたんそ【二酸化炭素】
　…8（p.132）
にのまい【二の舞】
　…6（p.98, 101）
ぬすむ【盗む】
　…6（p.109）
ねあがり(する)
【値上がり(する)】
　…3（p.66）
ねったいや【熱帯夜】
　…8（p.140）
ねっとう【熱湯】
　…8（p.132, 134, 142）
ねんだい【年代】
　…5（p.89）
　　8（p.132, 134, 142）
ねんだいなかば【年代半ば】
　…5（p.86, 87）
のこす【残す】
　…8（p.132, 133, 134, 137, 141）
　　9（p.155, 156）

●は

バーベキュー【バーベキュー】

　…7（p.120）
バイキング【バイキング】
　…6（p.106）
はいけい【背景】
　…4（p.74, 75, 77）
　　6（p.98, 101, 104）
はかい(する)【破壊(する)】
　…5（p.89）
はかいてきな【破壊的な】
　…5（p.86, 87）
はち【蜂】
　…8（p.132, 134, 142）
はっきりと【はっきりと】
　…1（p.29）
　　7（p.114, 115, 125）
パック【パック】
　…8（p.144）
はつげん(する)【発言(する)】
　…2（p.47）
はっせい(する)【発生(する)】
　…8（p.134, 143）
はなしかける【話しかける】
　…7（p.124）
はまる【はまる】
　…1（p.29）
　　4（p.74, 75, 77）
　　5（p.87, 88）
はやみち【早道】
　…6（p.98, 101）
はらう【払う】
　…3（p.70）
　　9（p.152, 154, 155, 157, 159, 160, 166, 167, 172, 173）
はんがく【半額】
　…5（p.88）
はんせい(する)【反省(する)】
　…6（p.110）
　　9（p.159）
はんだん(する)【判断(する)】
　…9（p.152, 155, 159, 166）
ばんにん【万人】
　…2（p.54）
ひがい【被害】
　…2（p.44, 45, 52, 54）
ひかく(する)

188　　※数字は課の番号です。

【比較(する)】
　…1（p.18）
　　4（p.74）
ひがん【彼岸】
　…8（p.142）
ひきしまる【引きしまる】
　…4（p.77）
ビジネス【ビジネス】
　…1（p.23, 26, 27）
　　9（p.167）
びっくり(する)
【びっくり(する)】
　…3（p.60, 61）
ひっしゅう【必修】
　…1（p.41）
ひってき(する)【匹敵(する)】
　…8（p.132, 134, 143）
ひていてきな【否定的な】
　…1（p.16, 17, 26, 28）
　　2（p.48）
ひとのわ【人の輪】
　…4（p.75）
ひび【ひび】
　…8（p.132, 135）
ひょうか(する)【評価(する)】
　…2（p.48）
ひょうじゅん【標準】
　…2（p.44, 45）
びょうどう【平等】
　…9（p.154, 158, 159, 173）
ひらたくいえば
【ひらたくいえば】
　…1（p.16, 18）
ふあんていな【不安定な】
　…8（p.134）
ふうけい【風景】
　…2（p.44, 45, 46）
ブーム【ブーム】
　…5（p.86, 87）
ふかけつな【不可欠な】
　…6（p.98, 101）
ふきゅう(する)【普及(する)】
　…6（p.98, 100, 107）
ふくしゅう(する)
【復習(する)】
　…4（p.74, 75, 78）

ふそく【不足】
　…7（p.123）
ふゆかいな【不愉快な】
　…2（p.44, 45）
ふられる【ふられる】
　…1（p.38）
　　7（p.126）
プリントアウト(する)
【プリントアウト(する)】
　…7（p.120）
ブログ【ブログ】
　…4（p.84）
　　5（p.96）
プロジェクト【プロジェクト】
　…1（p.28）
　　8（p.141）
　　9（p.158）
ふんいき【雰囲気】
　…5（p.91）
ぶんせき(する)【分析(する)】
　…9（p.152, 155, 159, 160, 166, 167）
へいきな【平気な】
　…2（p.44, 45）
へいきん(する)【平均(する)】
　…5（p.86, 87）
へいしゃ【弊社】
　…9（p.167）
へんか(する)【変化(する)】
　…5（p.90）
　　8（p.135）
ポイント【ポイント】
　…2（p.52）
　　4（p.78）
ぼうじゃくぶじんな
【傍若無人な】
　…2（p.44, 45）
ほうそく【法則】
　…2（p.44, 45, 48, 51, 53）
ほうどう(する)【報道(する)】
　…4（p.74, 75, 76, 79）
　　5（p.87）
ぼうはん【防犯】
　…2（p.54）
ほうふ【抱負】
　…5（p.95）

ほうもん(する)【訪問(する)】
　…4（p.74, 75）
　　7（p.115）
ポケモン【ポケモン】
　…4（p.74）
　　5（p.87）
ほごしゃ【保護者】
　…4（p.74, 75, 77）
　　5（p.87）
ほぼ【ほぼ】
　…9（p.152, 154, 155）
ほめる【褒める】
　…1（p.19）
ほんきで【本気で】
　…9（p.152, 155）

●ま

まえうり(する)【前売り(する)】
　…4（p.76）
まず【まず】
　…4（p.79）
　　7（p.114, 115）
　　8（p.144）
　　9（p.153, 154, 158）
またぐ【またぐ】
　…8（p.132, 134, 137）
まとめる【まとめる】
　…4（p.84）
　　5（p.87, 88, 89）
　　6（p.104, 112）
　　9（p.152, 154）
まんせき【満席】
　…9（p.164）
みかた【見方】
　…4（p.74, 75）
　　7（p.118）
ミス【ミス】
　…6（p.102）
みたす【満たす】
　…4（p.74, 75）
　　5（p.87）
　　6（p.101）
みとめる【認める】
　…1（p.16, 18）

189

みにつける【身につける】
　…6（p.98, 100, 105）
　　7（p.128）
みをまもる【身を守る】
　…6（p.98, 100）
みんかんきぎょう【民間企業】
　…6（p.98, 100）
みんぞく【民族】
　…4（p.80）
むかし【むかし】
　…3（p.60, 61, 72）
むし（する）【無視（する）】
　…1（p.18, 33）
　　2（p.44, 46）
むす【蒸す】
　…8（p.132, 134, 142）
むとうはそう【無党派層】
　…5（p.93）
むよう【無用】
　…5（p.93）
むろん【無論】
　…9（p.166）
めいぼ【名簿】
　…9（p.163）
めいわく（する）【迷惑（する）】
　…1（p.36）
　　2（p.44, 45, 52, 54）
　　9（p.167）
メーク（する）【メーク（する）】
　…7（p.125）
めぐる【めぐる】
　…6（p.99, 101）
　　9（p.165）
めだつ【目立つ】
　…4（p.75）
めったに【めったに】
　…5（p.94）
めん【面】
　…6（p.98, 100, 101）
　　7（p.116）
　　9（p.166）
めんどう【面倒】
　…7（p.123）
　　9（p.152, 155, 168）
もうしわけない【申し訳ない】
　…1（p.36）

　　7（p.126）
　　8（p.136）
もくげきしゃ【目撃者】
　…6（p.102）
もと【元】
　…8（p.132, 134）

●や

やせる【やせる】
　…1（p.25）
　　7（p.120）
やってくる【やってくる】
　…3（p.60, 61, 67）
　　7（p.114, 115, 117）
やわらぐ【和らぐ】
　…8（p.142）
ゆういな【優位な】
　…9（p.152, 155, 159）
ゆうこう【有効】
　…2（p.53）
ゆうじゅうふだんな
【優柔不断な】
　…7（p.114, 115）
ゆずる【譲る】
　…1（p.30）
ゆるす【許す】
　…2（p.49）
ようする【要する】
　…2（p.44, 45）
ようするに【ようするに】
　…1（p.16, 17）
よさん【予算】
　…5（p.88）
　　9（p.158）
よびだす【呼び出す】
　…5（p.93）
より【より（助詞）】
　…1（p.19）
　　7（p.115, 116, 126）
　　9（p.152, 154, 155, 165）
より【より（副詞）】
　…1（p.18）
　　5（p.93）
　　9（p.173）

●ら

ラッシュアワー
【ラッシュアワー】
　…1（p.24）
ランチ（する）【ランチ（する）】
　…8（p.143）
りこん（する）【離婚（する）】
　…7（p.126）
リスク【リスク】
　…6（p.98, 100, 101, 108）
りゅうこう（する）【流行（する）】
　…1（p.28）
りよう（する）【利用（する）】
　…4（p.74, 75, 77）
　　8（p.132, 134, 142）
りょうきん【料金】
　…5（p.88）
　　6（p.100）
リラックス（する）
【リラックス（する）】
　…1（p.22）
りれきしょ【履歴書】
　…4（p.79）
れいぎ【礼儀】
　…7（p.114, 115）
　　8（p.135）
レジュメ【レジュメ】
　…5（p.95）

●わ

わかい（する）【和解（する）】
　…7（p.129）
わりあい【割合】
　…4（p.74, 75, 78）
　　5（p.93）
わりかん【割勘】
　…9（p.152, 154）
わりだか【割高】
　…4（p.80）
わる【割る】
　…8（p.135）
　　9（p.154, 162）

ひとこと

　著者の堤です。どうも。このテキストのCDの最後にはBonus Trackがついています。
　テキストのCDにBonus Trackをつけたものはこれまでなかったのではないでしょうか?
　CDを録音する時に、Aさんが話して、Aさんが話し終わるのを待ってBさんが話し始める…というようなCDを作りたくはありませんでした。
　また、いかにも書いてあるスクリプトを読んでいる、というような音声教材にもしたくありませんでした。
　いろんな方にお願いしてみましたが、どれも違う。ということで、じゃあお手本を録音しよう!と言って、私と長谷川さんとで録ったものです。2009年の日本語教育学会の休憩時間に某所で録音したもので、鳥のさえずりが聞こえるのどかな環境の中で、一発録りをしています。
　そばを通りかかった日本語教師仲間から、「あの二人は何をしているのだ?」というような目で見られながらも、なかなかよいものが録れたと、自画自賛しました。
　その後、プロの俳優さんたちの録音を聞いて、我々のものがいかに「しょぼい」(関西弁で、つまらない、質が悪い、という意味)ものかを痛感しましたが、それでも我々がこのテキストにかける想いのようなものは伝わるのではないかと思います。
　長谷川さんの美声は、このトラックでしか聞くことができません。是非お楽しみ下さい。
　我々の意図を適確に酌んで素晴らしいパフォーマンスをして下さった足立さん、ミギタさん、遠藤さん、端田さん、そしてここでも、新しいモノを創るんだ、という情熱をもって一緒に録音に立ち会ってくださった松本社長と板東さんに心から感謝します。

表紙の絵(大津絵)について　表紙とCDに使われている絵は大津絵といって、江戸時代に、今の滋賀県大津市で、京都から江戸(今の東京)を行き来する旅人に、おみやげとして売られていたものです。このテキストの著者は、二人とも滋賀県出身で、高校から大学院まで同じ学校でした。私たちの故郷のステキな文化を皆さんに紹介したい!というわがままを受け入れてくださったひつじ書房、そして大津絵を描いてくださった志波多加代先生に感謝します。

著者紹介

堤 良一(つつみ りょういち)

岡山大学学術研究院社会文化科学学域准教授。
『談話とプロフィシェンシー──その真の姿の探求と教育実践をめざして』(凡人社、2015、共編著)、『いい加減な日本語』(凡人社、2022)、「心内の情報を指示するソ系(列)指示詞の用法について」(『言語研究』日本言語学会、2022、共著)

長谷川 哲子(はせがわ のりこ)

関西学院大学経済学部准教授。
「転換の接続詞「さて」について」(『日本語教育 105』日本語教育学会、2000)、「逆接の接続詞 pero とシカシの用法について」(『HISPÁNICA 51』日本イスパニヤ学会、2007)、「説明タスク作文での接続詞使用 ─読み手評価から見た接続詞の選択」(『日本語プロフィシェンシー研究の広がり』ひつじ書房、2022)

「大学生」になるための日本語1

Collegiate Japanese for University Students
Ryoichi Tsutsumi and Noriko Hasegawa

発行	2009年10月10日　初版1刷
	2023年3月15日　　　5刷
定価	1900円+税
著者	ⓒ 堤 良一・長谷川哲子
発行者	松本功
装丁・組版	大崎善治
本文イラスト	飯山和哉
	ヒライタカコ
表紙(大津絵)	志波多加代
印刷・製本所	株式会社 シナノ
発行所	株式会社 ひつじ書房

〒112-0011 東京都文京区千石 2-1-2　大和ビル 2F
Tel.03-5319-4916　Fax.03-5319-4917
郵便振替 00120-8-142852
toiawase@hituzi.co.jp　https://www.hituzi.co.jp/

ISBN978-4-89476-435-4　C1081

造本には充分注意しておりますが、落丁・乱丁などがございましたら、小社かお買上げ書店にておとりかえいたします。ご意見、ご感想など、小社までお寄せ下されば幸いです。